ジェノサイド国家
中国の真実

于田ケリム　楊海英

文春新書

1333

はじめに

日本ウイグル協会会長
于田ケリム

いまウイグルで起きていることは、単なる「人権弾圧」ではなく、「ジェノサイド（集団殺戮《さつりく》）」です。

「ジェノサイド」などと言うと、日本の読者の皆さんは「大げさすぎる」と思われるかもしれません。しかし、決してそうではないのです。

中国も締結している「ジェノサイド条約」では、国民的、人種的、民族的、宗教的な集団の構成員に対して、次のような行為を加えることを「ジェノサイド」と定義しています。

（1）殺す

（2）重大な肉体的または精神的危害を加える
（3）集団の物理的な破壊をもたらす生活条件を故意に強いる
（4）集団内の出生を妨げることを目的とした措置を課す
（5）集団内の子供を強制的に他の集団に移す

このうち一つでも当てはまれば「ジェノサイド」とみなされますが、中国政府がウイグル人に対して実施している政策は、ほぼすべての項目に当てはまります。

二〇一七年以降、ウイグルでは、一〇〇〇カ所を超える「強制収容所」が設置され、一〇〇万人以上（アメリカ国防総省高官によれば、約三〇〇万人）のウイグル人が収容されています。

正当な理由がないまま強制収容されたウイグル人は、外部との接触が完全に断たれた劣悪な環境で、ウイグル人としての文化や伝統を放棄することを強制され、ウイグル語での日常会話まで禁止されています。と同時に、中国共産党と習近平への忠誠を強制する洗脳教育が行なわれています。

男性が強制収容された後に家庭に残された女性に対しては、「不妊処置」がなされています。文字通り「ジェノサイド」と定義される「集団内の出生を妨げることを目的とした措置」です。二〇一八年に中国で実施された子宮内避妊器具（ＩＵＤ）装着手術の八〇％が「新疆ウイグル自治区」で行なわれ、さらに過酷な措置である不妊手術の件数も、「新疆ウイグル自治区」では、中国全体平均の七倍にも達しています。

その結果、中国当局の〝計画通りに〟ウイグル人の出生数は大幅に減少しました。「新疆ウイグル自治区」の出生率（人口一〇〇〇人あたりの出生数）は、二〇一七年に一五・八八人だったのが、二〇一九年には過去最低の八・一四人と「ほぼ半減」しているのです。これは、『新疆統計年鑑』という自治区の公式資料で確認できる数値です。

子供が無事、生まれてきたとしても、「ウイグル人」として育てることは許されません。子供の名前は、自由に付けられず、政府作成のリストによって、「モハメッド」といった「イスラーム色」のある名称などは明確に禁止されているのです。

「集団内の子供を強制的に他の集団に移す」ことも行なわれています。両親が拘束され、家に残された子供は、「孤児院」に入れられ、「両親が政治的問題を抱えている」

として通常の学校に通うことも禁じられ、徹底的な「漢人化教育」がなされています。
　こうした一連の措置は、「ウイグル人を殲滅《せんめつ》する政策」、まさに「ジェノサイド」「計画的民族殺戮」としか呼びようがないのです。

「ウイグルの現状」を私が真剣に考えるようになったのは、二〇〇九年のウルムチ虐殺（後述）がきっかけでした。それまでもウイグル人に対する弾圧は行なわれていましたが、私の目には入ってきませんでした。また目に入ってきたとしても、おそらく若さゆえに、十分には理解できなかったように思います。

　二〇〇九年のウルムチ虐殺の際、私は留学生として東京工業大学大学院に在籍していました。日本で事件の報道に接して、ショックを受けたのです。中国では、こうした事件も、人づてに噂として耳にするだけですが、日本のメディアが流す映像は、あまりに生々しいものでした。事件のことが気になって、居ても立ってもいられず、詳しく知ろうと、日本語、中国語、英語のサイトでニュース検索ばかりをして、半年か一年くらいは、勉強も研究も手につきませんでした。

　この時、父からは「大学を卒業したらウルムチに帰ってきてほしい」と言われました。「ウイグルには、若者を育てることができる知識をもった人間が必要だ」と。私自身も、新疆大学の恩師の後を継ぐつもりでいました。恩師からは「皆が『政治』をしてもダメです。誰かが『子供を育てること』『大学で若者を教えること』をしなければならない」とも言われていました。

しかし、二〇〇九年のウルムチ虐殺で、私の人生は変わってしまいました。

私は、ペンネームではなく本名でウイグル人のための活動を日本でしていますが、そのことで、ウイグルにいる家族に当局の圧力がかかることを心配しています。同じように世界各地に住むウイグル人が、ウイグルにいる自分の家族の安否を確認できない状況が続いています。

現在、在日中国大使館は、在日ウイグル人に対して、パスポート更新手続きを受け付けていません。そのため、在日ウイグル人は、合法的な滞在を続けられず、帰国したとしても収容所行きの運命が待っています。私は、日本で活動するために、日本に帰化することを決断しました。

「自由」と「民主主義」の国である日本が、こうした問題にあまり熱心でないことが残念でなりません。中国の問題を指摘すると、「反中の右翼に利用されるだけだ」という受け止め方をされてしまうのです。

しかし、「ジェノサイド」と言える非人道的な弾圧が、日本の隣国で、現在進行形で行なわれているのです。ウイグルの現状を知っていただき、世界のリーダーの一員である日本に、明確な行動を起こしていただきたい。そう心から願っています。

私たちは、自分たちの土地を「東トルキスタン」と呼んでいます。インタビューを受ける際には、新聞社にも出版社にも、そう書いてほしいのですが、「（中華人民共和国の）新疆ウイグル自治区」と書かれても、今は仕方がないという感じです。ただ、ウイグル、東トルキスタンは、「現在は中国共産党に支配されているけれども、もともとは独立国だった」という点は、強くアピールしたいと考えています。

要するに「新疆ウイグル自治区」の存在自体を認めないのが、私たちの立場です。そのため、本書での私の発言部分については、原則として「新疆ウイグル自治区」とカギカッコで表記していますが、その意図するところをご理解いただけると幸いです。

ジェノサイド国家中国の真実◎目次

第3章 古い中国の新しい疆域政策 楊海英 159

中国の行政区

新疆ウイグル自治区

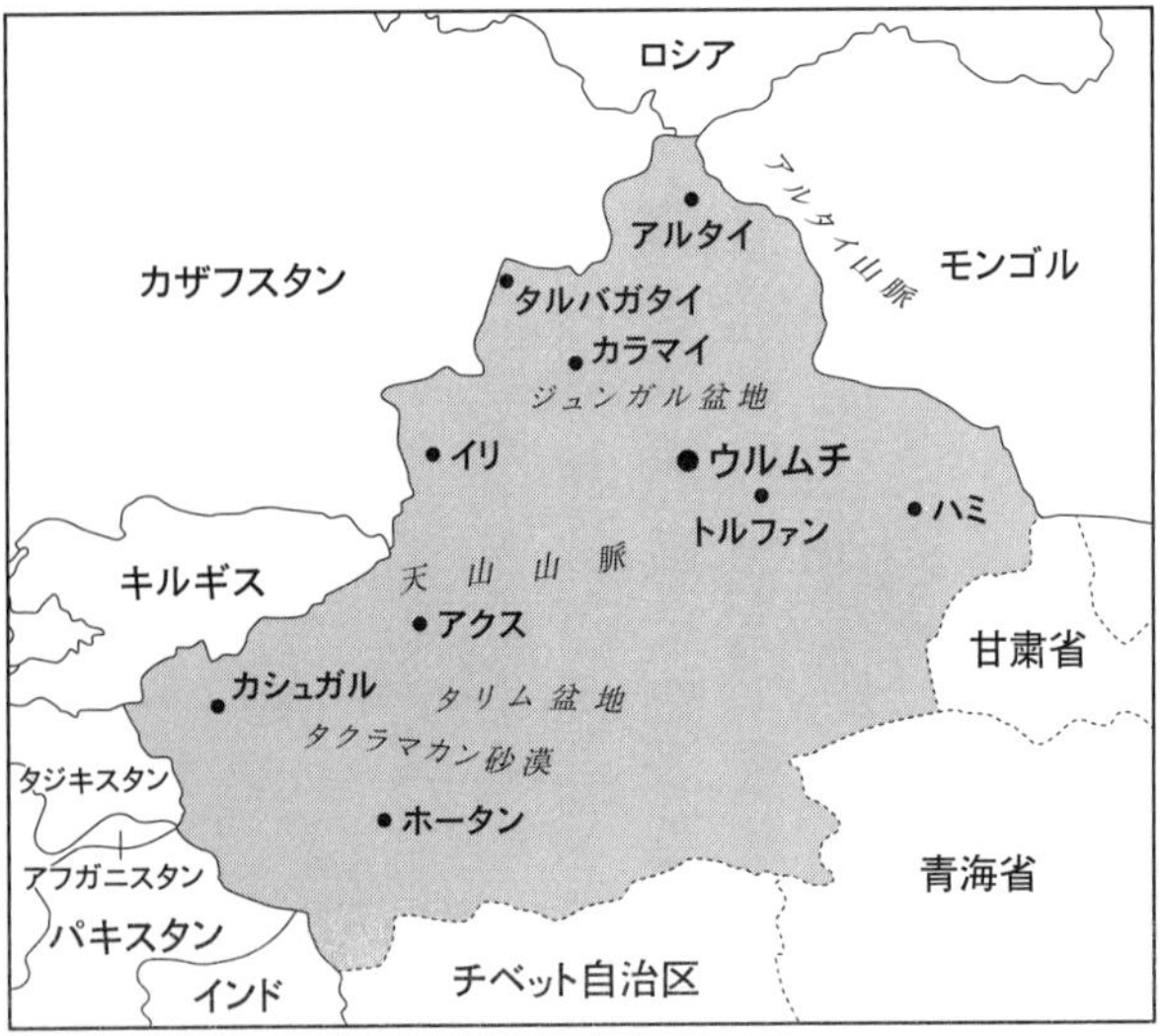

第1章　ウイグル民族「ジェノサイド」の惨状

于田ケリム＋楊海英

「ジェノサイド」と各国が認定

于田　いま、東トルキスタン（「新疆ウイグル自治区」）で、中国政府によって「ウイグル人抹殺」に等しい政策が行なわれていて、これに対して欧米各国から強い非難の声が上がっています。

アメリカ政府は、このウイグル弾圧を「ジェノサイド（集団殺戮）」「人道に対する罪」に当たると認定し、カナダ議会、オランダ議会、イギリス議会、リトアニア議会、チェコ議会、ベルギー議会なども相次いで、「ジェノサイド」や「人道に対する罪」だと認定しました。さらに、ニュージーランド議会やイタリア議会も、非難決議を採択しています。国際人権団体のアムネスティ・インターナショナルも、「中国政府が新疆ウイグル自治区で人道に対する罪を犯している」という報告書を公表しています。

現在、一〇〇〇カ所を超える強制収容所に、少なくとも一〇〇万人（アメリカ国防総省アジア・太平洋安全保障担当のランドール・シュライバー次官補〔二〇一九年当時〕によれば、三〇〇万人近く）ものウイグル人が収容され、ウイグル語での会話まで禁止されて、ウイグル人の言語、文化、宗教を絶滅させるような民族浄化政策が行なわれています。同時に、ウイグル人女性に対しては、子宮内避妊器具（ＩＵＤ）装着手術や不妊手術などの不妊措置を強制するキャンペーンが行なわれ、実際、ウイグル人の出生数は激減しています。

工場でのウイグル人の強制労働も問題視され、そうした工場で生産された製品を利用している世界中の企業が告発されています。オーストラリアのシンクタンク「オーストラリア戦略政策研究所」が二〇二〇年三月に発表した報告書では、世界八〇社以上のサプライチェーンに組み込まれている中国の工場で、二〇一七〜一九年に八万人以上のウイグル人が強制労働に従事していると指摘されています。

これには日本も無縁ではありません。報告書には、日立製作所、ジャパンディスプレイ、三菱電機、ミツミ電機、任天堂、パナソニック、ソニー、ＴＤＫ、東芝、シャープ、ファーストリテイリング（ユニクロ）、良品計画（無印良品）、しまむら、京セラといった日本の大企業の名も出てきます。

楊　中国には、モンゴル、チベット、ウイグルなどの少数民族を抑圧してきた歴史があります。ただ、日本や世界での認知の度合いに、それぞれ違いがありますね。
チベットへの弾圧については、日本でも広く認知されていて、ダライ・ラマ法王（一四世）が日本に何度も来ており、日本人の支援者も多い。一九七〇年代から、チベット亡命政権の実質的な「大使館」であるダライ・ラマ法王日本代表部事務所まで設置されているほどです。

南モンゴル（内モンゴル）への弾圧については、例えば文化大革命中に大虐殺があったことは、チベットほどではないですが、日本でも知られるようになってきています。私も『墓標なき草原――内モンゴルにおける文化大革命・虐殺の記録』『ジェノサイドと文化大革命――内モンゴルの民族問題』といった本を書いています。

ウイグルへの弾圧については、あまり認知されてきませんでしたが、二〇〇九年のウルムチ事件は、日本を始め世界でも大きく報じられました。

これは「七・五事件」とも呼ばれています。まず六月二五日、広東省韶関《しょうかん》市の玩具工場で、デマを発端としてウイグル人労働者が漢民族労働者に襲撃されて死亡しました。この事件について、襲撃側の刑事処分が曖昧にされたので、これに抗議するため、七月五日、新疆ウイグル自治区の首府ウルムチにウイグル人たちが集結したのです。その平和的なデモに、中国の治安当局が無差別発砲をしたため、ウイグル人と漢民族が衝突する悲惨な事件に発展しました。そしてウイグル人ばかりが大量に拘束されたんです。

　中国当局は、証拠がないにもかかわらず、すぐさま「海外の扇動者による暴動」と決めつけました。当時、西側諸国でもいわゆるイスラーム原理主義のテロが問題になっていたので、「これもイスラーム原理主義と結びついたテロだ」と巧妙な宣伝をしたのです。

　こうした背景があったため、ウイグル人弾圧に関しては、アメリカも、日本を始めとする同盟国も動きにくかった面がありました。弾圧が起きているのは確かだけれども、この問題にみずから積極的に関与するのは難しい。こういう姿勢を西側諸国は長らく続けてきたわけですが、二〇二〇年あたりから、その姿勢が、とくに日本以外の西側諸国では一気に変わってきた印象です。

于田　ウイグル人にとって国内の状況は何も変わっていませんが、外国でのウイグル問題の認識は急速に広がってきたと思います。

三〇年前の「新疆ウイグル自治区」

楊　モンゴル人である私が、なぜウイグルについて積極的に発言するのか。そう疑問に思う方もいらっしゃるかもしれないので、私自身の「新疆ウイグル」との関わりについて少し話させてください。

私は、日本の国立民族学博物館・総合研究大学院大学博士課程の学生として、一九九一年から九三年までの三年間、新疆で、毎年三カ月間の現地調査をしたことがあります。

新疆の地形を、北から南へと順に説明すると、まずモンゴルとの国境地帯にアルタイ山脈が南北に走り、ジュンガル盆地が広がり、天山山脈が東西に横たわり、そして南部にタリム盆地とタクラマカン砂漠があります。新疆は、多民族地域で、カザフ人、ウイグル人、モンゴル人など、さまざまな民族が暮らしていて、私は、主にアルタイ山脈と天山山脈で、カザフ人遊牧民の調査をしました。

これが新疆と関わるようになったきっかけでした。もう三〇年も前のことです。

一言で言えば、当時からひどい状況でした。行く先々で、露骨な「身分差」を目撃しました。

日本から来た私たち調査団の受け入れ先は、新疆ウイグル自治区科学院という科学アカデミーでしたが、そこにいる漢民族の研究者が、ウイグル人を馬鹿にしていて、ウイグル人の通訳を平気で殴ったりしていたんです。

それを見て本当に腹が立ちました。私もまだ二十代だったので、夜中に皆が寝静まった後、現地のモンゴル人と一緒に懲らしめてやろうと、その漢民族の研究者を部屋から引っ張り出して、「なんでウイグル人をいじめるんだ！」と「しつけ」をしました（笑）。

少数民族の文化や歴史に対する弾圧も、当時すでに始まっていました。

カローシュティ文字の世界的な権威のウイグル人学者がいました。カローシュティ文字は、古代のタクラマカン砂漠周縁のオアシス国家で使われていたインド系の文字で、現存最古の仏典もカローシュティ文字で書かれています。二〇世紀初頭に古文書が大量に発見されて、それ以来、世界の注目を集めていたんです。

その学者がまもなく逮捕されるという噂を聞いて、私は、その学者が所蔵する資料を持ち出して海外の研究者に渡せないかと考えました。

そこで深夜、その学者の家に行ってみると、世界的な大学者なのに、家のなかには何もありません。覚悟をして、いつ逮捕されてもよいように持ち物を整理していたんです。

しかしその学者と話してみると、「やはり資料だけは世界に伝えてほしい」「新疆、東トルキスタンという地域は、古代から中国のものだったのではない」「カローシュティ文字を使うインド系の人々が住んでいたのだと世界に知らせてほしい」と言うんです。

そこで古文書を撮影したマイクロフィルムをもらってホテルに戻り、数カ月後に無事、国外へ持ち出しました。

優れた知識人が弾圧され、一般のウイグル人も、偉そうな漢民族に怒鳴られ、殴られる。こうした状況を目の当たりにして以来、同じ少数民族として、私は「ウイグル

について も発言する」と心に決めました。新疆で目撃したことと、私が文化大革命期の南モンゴルで経験したことが重なって見えて、「新疆ウイグル」と「モンゴル」はセットで考えなければならない、と思うようになったんです。

二〇〇九年のショック

于田　私も、日本に来た経緯も含めて、自分自身のことを少し話させてください。私は、一九七九年、東トルキスタン（「新疆ウイグル自治区」）のウルムチに生まれました。一九九六年に高校を卒業した後、二年間、予備校で中国語を勉強し、一九九八年、中国石油大学に入学しました。大学を卒業して約二年間は、ウルムチの会社に勤め、二〇〇四年に新疆大学大学院に入り、二〇〇八年一月に修士課程を修了しました。専攻は機械工学です。

　そして二〇〇八年一一月、来日して東京工業大学の大学院に入学しました。博士課程を修了したのは、二〇一二年で、その後は、ずっと日本でＩＴ関係の仕事をしています。二〇〇九年一二月にウイグル人の妻と結婚して、二人の子供がいます。二〇一八年一〇月には日本に帰化しています。

現在、私は「日本ウイグル協会」の会長を務めています。この協会は、日本で暮らすウイグル人の権利を守り、ウイグルの歴史や文化と、現在ウイグル人が置かれている悲惨な状況を日本政府と日本国民に伝えるために活動を行なっています。しかし実は、私自身、「ウイグルの現状」を考えるようになったのは、比較的最近のことで、二〇〇九年のウルムチ虐殺（七・五虐殺）がきっかけでした。留学生として日本にいる時にこの事件に接して、中国当局によるウイグル人への弾圧にショックを受けたんです。それ以来、私の人生は変わってしまいました。

ウイグル人を焚き付けて弾圧

楊　二〇〇九年の七・五事件は、ウイグル人の立場からすると、どうして起きたんですか。

于田　まず背景として、事件以前に、ウイグル人、とくにウイグルの女性や若者が中国内地に強制的に移住させられて、強制労働をさせられていたことがあります。

広東省にあるそうした工場の一つで、六月二五日、漢民族によるウイグル人への襲撃が起きて、「ウイグル人二名が死亡した」と政府系メディアが報じました。この時、漢民族は、ウイグル人を殴るところを撮影して喜んでネットに流しています。

これをネットで見たウイグル人の間では、政府がどう対処するかが話題になりました。ところが、「新疆ウイグル自治区政府」は「犯罪者を逮捕して解決します」とは一度も口にしなかったんです。

七月五日の朝、「じゃあ政府のところに行って直接話しましょう」と、ウイグル人の若者たちと犠牲者の遺族たちが政府ビルの前に集まりました。その多くは学生でした。彼らに対して、政府側から誰かが出てきて「落ち着きなさい」と説得するようなこともありませんでした。

しかし夕方頃から、軍と警察が動員され、過剰な取り締まりを始め、多くのウイグル人が逮捕され、それから後は、ウイグル人と漢民族との衝突になってしまったんです。とくに夜は町中が停電で真っ暗になり、ウイグル人に多くの死者が出ました。

朝から集まって午後までは衝突は発生していなかったのに、政府側がうまく対処しなかったから、死者が出るような事件になったんです。

楊　モンゴルやチベットだったら、大きな事件でも矮小化《わいしょうか》して極力、沈静化を図るはずです。それが、新疆ウイグルでは、わざわざ煽《あお》っている。ウイグル人たちの怒りに火をつけて、過激に走らせておいて、ここぞとばかりに弾圧にかかる。それを意図的にやっているようにしか見えません。

そもそも、きっかけは広東省の工場でのことで、情報統制の厳しい中国ですから、普通なら遠方の新疆ウイグルまで伝わりません。たとえば、内モンゴルのどこかで揉め事が起きれば、ネットを瞬時に遮断して情報が広まらないようにします。

もともとは若者同士の衝突で、放っておけば、いずれ沈静化するはずなのに、待っていたかのように軍と警察が出てくる。武力弾圧のきっかけをつくるために、ウイグル人たちをわざわざ焚き付けているとしか思えません。これは、国会議事堂に放火しておいて、この事件を共産主義者の仕業にして弾圧したナチスと同じ手口です。

「ウイグルに帰って来てほしい」という父

于田　私は当時、東工大の大学院生でしたが、事件のことが気になって、しばらくは、勉強も研究も手につきませんでした。

この時、父からは「大学を卒業したらウルムチに帰って来てほしい」と言われました。「私は、お金を儲けられるようにするためにあなたをサポートしているんじゃない。ウイグルのためにサポートしている。できれば、帰って来て、先生になって、ウイグルのためにこちらで頑張ってほしい」と。

父は、もともとウルムチから一〇キロぐらい離れた炭鉱で働いていて、私たち五人の子供には「石炭はずっとできる仕事ではない。いつか続かなくなる。だから頑張って大学へ行って、この土地から出て行って、他の仕事をやってほしい」と諭《さと》していました。

そんな父を私は深く尊敬していました。私が石油大学に進学したのも、父親の影響です。石炭より石油関連の方が産業として持続性があると考えたからです。

その父から「ウイグル人への圧力がだんだん強くなるから、漢民族よりも強くなってほしい。できれば知識のある人になって、ウイグルのために、大学の先生になって、子供たちに新しい知識を教えてほしい」と改めて言われたんです。

「生産建設兵団」という名の屯田兵

楊　北京政府による新疆ウイグル自治区への漢民族の浸透は、非常に戦略的で、長期的な視点に立っています。日本では明治初期の北海道開拓に際して、没落した「士族の救済」も兼ねて、「警備」と「開拓」を同時に担う兵士が各地に組織的に配置されましたが、ちょうどこれと同じ「屯田兵」が新疆ウイグル自治区に配備されました。

一九五〇年代から新疆に「新疆生産建設兵団」という名の屯田兵をどんどん送り込んで、まずはオアシスの良い土地を占領してウイグル人を追い出したのです。都市部でもどんどん漢民族を増やしていって、人口を少しずつ逆転させていきました。

ただ当初は、新疆を全面的には掌握できないので、「北京政府の代弁者」に仕立てるために、ウイグル人の若者に中国語を学ばせて、北京の中央民族大学（学院）や甘粛省蘭州の西北民族大学（学院）に送り込みました。

于田　私はウイグルの学校に通っていて、基本的にウイグル語での授業を受けていましたが、小学三年から中国語の授業が週四時間ぐらいありました。また高校では、ウイグルの学生が中国語で授業を受けるとどうなるかを試す実験的なクラスがあって、理科系は中国語で、他の科目はウイグル語で、三年間勉強しました。もしそのクラスが嫌であれば、他のクラスを自由に選ぶこともできました。中国語で学ぶクラスのなかには、成績が良く、上海や北京の高校に行った生徒もいました。

私自身は、ウルムチの高校を卒業してから、二年間、ウルムチで中国語を勉強し、その後、山東省の中国石油大学に行ったわけです。

「親北京派」を育てる教育政策

楊　大学には、ウイグル族の人はどのくらいいましたか。

于田　一学年一〇人ぐらいです。

楊　私が北京にいた頃も、大学にチベット人クラスなどもありましたが、「チベットやウイグルのための人材を代わりに育ててあげよう」という「代理教育」のプロジェクトですね。少数民族の優秀な若者を北京や蘭州の大学に送って、「親北京派」を育てるための教育です。

于田　私は普通のクラスでしたが、新疆北部の石油基地のあるカラマイから来た学生もいて、彼の場合は、大学卒業後、政府の紹介でカラマイで就職しています。私の場合はそういうプロジェクトではなかったので、就職先を自分で探しました。

楊　その大学に、カザフ人やモンゴル人もいましたか。

于田　カザフ人はもちろんいて、モンゴル人は、私の周りには少なかったけれども、南モンゴルから来た学生が二人いました。

私は高校生の時から学んでいたので、大学では中国語を勉強する必要はなかったんです。南モンゴルから来た学生も、すでに中国語の教育を十分受けていたので、中国人と変わらないレベルでした。しかし、「改めて中国語を勉強しなさい」と言われ、無理に勉強させられました。

楊　大学では、差別はありませんでしたか。私が北京の第二外国語学院という大学に入学した際には、初めての少数民族出身者だということで、大学の先輩たちが私を見物しに来ました。「モンゴル人はどんな顔をしているんだ」と。漢民族には、モンゴル人に対して、「毎日羊を食っているから臭い」「蒙古人は野蛮だ」「大酒飲みで歌と踊りが上手だ」といったつくられたイメージが根強くあります。「モンゴル人にも踊れない人はいるし、酒を飲めない人もいるよ」と私が反論しても、「いや、そんなはずはない」と。

于田　私も大学で、ステレオタイプ的に「ウイグル人はダンスができるし、歌が上手いし、女の子は可愛い」などと言われましたが、その一方で、「ウイグル人にはドロボーが多い」などとも言われました。

また上海などの大都市では、犯罪行為に走るウイグル人に対して過剰なほど寛容です。「新疆ウイグル自治区」のウイグル人に対しては過剰な取り締まりをしているのに。これは「ウイグル人のイメージを貶《おとし》めるための政策」としか思えません。

楊　「あなたたちには文化がない」と頭から決めつけているんです。中国人が言う「文化」とは「中国化」「中国への同化」にすぎません。

于田　そして「漢民族が支援しないと、あなたたちは生活できないし、発展もできない」と思い込んでいます。私たちから見ると、新疆にいる漢民族は「侵入者」です。

しかし、新疆の大学にいる漢民族の学生から見ると、「ウイグルとモンゴルを発展させるために来ているわけで、私たちに感謝するべきだ」となります。

楊　「辺境支援」という言い方があります。「南モンゴルも、チベットも、新疆も、わが国（＝中国）の辺境の異民族で野蛮人だから、われわれ文明人が援助しないといけない」という考えです。だから中国が、南モンゴルやチベットや新疆に「侵入」して「占領」したのも、彼らの理屈からすると「解放」になってしまうわけです。

「日本から帰るな」と言われる

于田　新疆大学の私の先生はウイグル人で、約一〇年間の日本への留学経験もあり、日本の話をよくしてくれました。ですから日本との縁が深く、使っていたパソコンや実験器具も日本製でした。日本の大学の研究室との学生交換プログラムもあり、研究室から毎年一人の大学院生が日本に行って一年間研究するチャンスもありました。

そんな環境だったので、私も日本に留学すると決めたんです。約一年間、日本語と応用物理を勉強して、二〇〇八年に来日して、第一志望の東京理科大学には行けなかったんですが、東工大の大学院に入り、半導体の勉強をしました。

東工大で博士課程を終えてからは、新疆大学に帰って、まもなく定年を迎える恩師の後を継ぐつもりでいました。私が勝手にそう思っていたわけではなく、周りの人も皆、そう思っていたんです。

「先生のような立派な研究者になります」と、私は何度も自分に言い聞かせていました。先生はどこへ行くにも、私を連れて行ってくれました。先生と私は顔も似ているので、「家族ですか？　弟ですか？」とよく言われたものです。

父の望む通り、「ウイグルの若者を育てる仕事」をするつもりだったわけです。学部生の頃にはそんな考えはありませんでしたが、大学院生になった後は少し自信もついて、「頑張れば学者にもなれる」と考え始めました。それが、二〇〇九年のウルムチ虐殺で変わってしまったんです。

この時、父からは「大学を卒業したら、ウイグルに戻って来てほしい」と言われましたが、中国にいる友人からは「できるだけ帰らないで。こっちでは何もできないから」と忠告されました。本来、研究には自由が必要ですが、その自由がないから、自分のやりたい研究ができない、と。

東トルキスタン・イスラーム共和国（一九三三年〜一九三四年）

于田　私の先生は「帰るな」と明確には言いませんでしたが、「できれば日本でもう少し頑張って、経験を積んで、後で改めて考えてもいいじゃないか」という話でした。

先生の父君の世代は、ウイグルで蜂起に参加しています。ウイグルの自由のために、東トルキスタン南部で起きた蜂起です。そういう影響で、「ウイグルのために尽くす」という思いが先生にもあります。私たち学生たちも、先生から「ウイグルのために頑張ってほしい」と言われてきたんです。

楊　革命というのは、一九三三年にホータンで起きたウイグル人の蜂起ですね。一一月、ホータン、カシュガルなど、この地域の主要都市で「東トルキスタン・イスラーム共和国」の建国が宣言されましたが、翌年四月、中国西北部の軍閥馬仲英の攻撃を受けて挫折してしまいます。

于田　東トルキスタンの歴史は、私たちにとってとても重要なので、少し長くなりますが、詳しく紹介させてください。

一九一二年の中華民国成立時の「新疆政府」は、名目上は「南京政府」の支配下に置かれていましたが、実質的には漢民族の軍閥に支配されていました。清朝末期に東トルキスタンへの漢民族の移住が始まり、漢民族による差別や抑圧、また同化政策によって、テュルク（トルコ）系諸民族の間には不満と怒りが鬱積し、きっかけさえあれば一気に爆発する状態でした。

蜂起はクムル（ハミ）で始まりました。「新疆省主席」である金樹仁の悪政が直接の原因です。清朝に任命されたクムルのウイグル人王が死去した時に、金樹仁がどさくさにまぎれて、その領土を奪い、漢人に勝手に分配していたんです。

一九三一年三月にクムルで起きた蜂起は、バリクル、アクスまで飛び火し、クムル王の重臣であったホジャ・ニヤズが、甘粛省にいた回族の軍閥、馬仲英に救援要請を出します。これをきっかけに馬仲英は新疆に深く関わるようになるんです。ただし彼は、首府ウルムチにまで迫るも、退けられて甘粛省に撤退します。

一九三三年四月、白系ロシア人のクーデターが起きて金樹仁は失脚し、代わりに盛世才が総司令・軍事委員長に任じられます。五月と翌年一月には、馬仲英が再びウルムチ近くまで侵攻してきますが、いずれも盛世才によって撃退されています。

一方、ホータンでは一九三三年二月、ムハンマド・イミン・ブグラの指導の下でウイグル人が蜂起し、四月にはホータン政権が成立します。同時に起きたカラシャール、クチャ、アクスの蜂起とも合流し、一一月一二日には、カシュガルで「東トルキスタン・イスラーム共和国」の独立が宣言されます。

大統領にはホジャ・ニヤズ、首相にはサビト・ダ・ムラーが就任し、この国名で貨幣や新聞も発行され、青地に三日月と星の東トルキスタン国旗「青天星月旗」も制定されました。

しかし東トルキスタン・イスラーム共和国は、中国国民党の弾圧やソ連の干渉、馬仲英の侵略によって、一九三四年春に終焉を迎えます。

一九三一年から一九三四年にかけての蜂起と独立運動は、こうしていずれも失敗に終わるのですが、「新疆」情勢には、当時の日本政府も強い関心を持ち、国外に亡命した東トルキスタン・イスラーム共和国の指導者たちに積極的に接触し、東京に亡命した指導者もいました。

東トルキスタン共和国（一九四四年〜一九四九年）

于田　東トルキスタン・イスラーム共和国終焉後の一〇年間は、「新疆省主席」となった盛世才が、事実上の独立国であるかのように統治し、盛世才は「新疆王」と呼ばれていました。

　盛世才は、当初、親ソ的に振舞っていたものの、その後、変心して国民党に忠誠を誓うようになりますが、結局は、国民党の圧力によって左遷され、盛世才の統治は終わります。

　この混乱の最中にあった一九四四年九月、テュルク系民族らによる「民族解放組織」が、イリ地区ニリカ県でゲリラ活動を始めます。この武装蜂起は、瞬く間にイリのグルジャ市全域に広がって、一一月一二日には、グルジャで「東トルキスタン共和国」の独立が宣言されました。主席はイリハン・トレで、閣僚は諸民族から成っています。とくに最初に蜂起したグループの指導者であった、親ソ派のウイグル人知識人アブドケリム・アバソフが、政権内部での有力者でした。

ソ連軍人の援助を受けた東トルキスタン軍は、イリ地区、タルバガタイ地区、アルタイ地区を完全に掌握し（中国共産党はこれを「三区革命」と呼んでいます）、一九四五年九月にはウルムチの郊外にまで迫りますが、突然、進軍を停止します。これは二月のヤルタ会談でのソ連と国民党の密約で、「外蒙古の独立・満洲の権益と引き換えに、中国が東トルキスタンを支配する」と合意されていたからです。

これによって武力による独立闘争に代わり、中国政府と東トルキスタン政府の和平交渉が始まり、ソ連の仲介によって、一九四六年にウルムチの国民党政府と和平協定が締結され、独立にこだわっていた東トルキスタン共和国のイリハン・トレ主席は、ソ連側に拉致されました。

和平協定にもとづき、東トルキスタン共和国と国民党は、閣僚を出し合って「新疆省連合政府」を成立させますが、その後、分裂し、旧東トルキスタン政府の閣僚は全員イリに戻って、自治を宣言することになります。実際に、彼らは自前の軍で領土を守り、ほぼ完全な自治を行なっていたんです。

ただし、一九四九年に国共内戦を制した人民解放軍が迫ってくると、ソ連の斡旋《あっせん》によって、イリの自治政府は、中国共産党との協議を決定します。八月に北京で協議が開催されることになり、これに参加するため、主席アフメドジャン・カスミをはじめとする東トルキスタンの指導者たちは北京に向かうのですが、その途上でソ連に連れ去られ、殺害されてしまうんです。

一九四九年一二月、指導者を失った東トルキスタンは、人民解放軍によって「解放」されます。この時、中国共産党の支配下に入ることを拒否したムハンマド・イミン・ブグラは、パキスタン、ついでトルコに亡命しました。解放軍の進駐後も、カザフ族のオスマン・バートルやクムルのヨルバルスなどは抵抗を続けましたが、結局、ヨルバルスはチベット経由で台湾に亡命し、オスマンも処刑され、武装抵抗はほぼ終息してしまいます。

そして一九五五年、東トルキスタンは「新疆ウイグル自治区」となり、現在に至っているわけです。

二〇世紀前半に、漢人による侵略を終わらせるためにウイグル人は何度も立ち上がりました。その結果、東トルキスタン・イスラーム共和国と東トルキスタン共和国が建国されましたが、ともに、当時、西トルキスタンを侵略していたソ連の介入により短命に終わってしまったんです。最終的には、スターリンと毛沢東という二大侵略者の政治策謀によって、ウイグル人の流した血がすべて無駄になり、漢人による侵略が今日まで続くことになりました。

しかし「東トルキスタン共和国」が、ウイグル民族の歴史において最後の国家となるわけではありません。新たなウイグル国家の誕生は、不可能ではありません。ウイグル民族の心のなかには、いつでもどこでも「ウイグルの国家」として東トルキスタン共和国が生き残っているからです。

「政治ではなく学問をしなさい」という恩師

于田　「皆が『政治』をしてもダメです。誰かが『子供を育てること』『大学の先生になってウイグルの若者を教えること』をしないといけない」という、恩師から言われた言葉は、今も胸に刻み込まれています。

ウイグルでは、私のように外国へ行くチャンスのある人は限られていて、外国へ行った人が皆、戻らないとなると、外国へ行けない人は、外国で何が起きているか、何も知ることができません。ですから、外国へ行った人には、いずれウイグルに戻ってきて、若者を教育する責任があるんです。

先生も、日本から新疆大学に帰ってきました。しかし、機械学部なのに、コンピュータを始め、設備は貧弱です。そこで先生は、自腹で二〇〇万円ぐらい費やして機器を揃えて、パソコン室を設置してくれました。それで学生もパソコンを扱えるようになったんです。

大学には、ウイグル人の先生もいましたが、一般教員までで、ウイグル人で博士号を取得して教授になるのはとても難しい。また、ウイグルの文化や歴史を教える教師はそれなりに多いのですが、理系のウイグル人の先生は、極端に少ない。

ですから、理系の学生が研究をしようとしても、どんなテーマを選べばよいか分からないわけです。その点、私の先生は、約一〇年間、日本で日本の優秀な研究者たちと一緒に研究してきたので、テーマを数多く持っていました。それで、「あなたはこのテーマ」「あなたはこのテーマ」と若い学生に研究テーマを振り分けて指導してくれて、われわれも修士号を取得できたんです。実際、新疆大学のなかで、われわれの機械学部は、他学部よりも多くの論文を提出しています。

また、ウイグル人であっても、先生には、北京の大学や中国人研究者も含めて、さまざまな横のネットワークがありました。それで、政府に研究費を申請することもできました。

しかし、私が新疆大学を離れてからもう一〇年以上経ちますが、当時の同僚や先輩も、まだ副教授止まりです。先生の力をもってしても、後輩を教授にはできなかったわけです。

二〇〇八年に日本へ留学する前に、先生からこうも言われました。

「ウイグル人にとって、研究できる人、高い知識を持つ人がいないとダメです。私たちにできるのは、『政治活動』『経済活動』より『学問』です。日本で『政治活動』をやっているウイグル人もいるけれども、あなたが一番できるのは『研究』です。人は自分が最もできることをやった方がいい。この分野で頑張るのが私たちの責任。他のことは考えないでください」

私は、日本で、日本ウイグル協会の会長を務めていますが、この先生の言葉は、今も重くのしかかっています。

「新疆」での原爆実験への抗議

于田　中国政府は、東トルキスタンのロプノールに建設した核実験場で一九六四年から一九九六年にかけて、地表・空中・地下において延べ四六回、総爆発出力（エネルギー）およそ二〇メガトン（一九四五年に広島に投下された原子爆弾の一〇〇〇倍に相当する爆発出力）の核爆発実験を行ないました。地表核爆発は一二回、空中核爆発は一一回、地下核爆発は二三回にも達しています。しかし、いずれの場合も、周辺住民に事前に予告し、避難させるなどの安全対策は取っていません。それどころか、ウイグル人には、核実験自体知らせていないので、ほとんどのウイグル人住民は、核実験の事実も被害状況もいっさい知らずに暮らしています。

楊　一九五八年から青海省で原水爆工場の建設が始まっています。現地のモンゴル人、チベット人、トゥマト人を強制的に立ち退かせた跡地に工場が建設され、製造された原子爆弾が、新疆タクラマカン砂漠の東端にある「さまよえる湖」ロプノール湖畔に持ち込まれました。あろうことか、かつてシルクロードで栄華を誇った「楼蘭王国」の地で、核実験が行なわれたんです。

一九九〇年代初期の現地調査でその近くを通った時、漢民族の人が「ここから早く出よう」と物凄く嫌がっていました。

私が「せっかく楼蘭に来たんだからゆっくりしよう」と言うと、「いや、核実験をしているから、ここにいたら白血病になって、髪の毛も抜けちゃう」と言うんです。

そこで「あんたたちは食事に立ち寄るのも嫌がるのに、ウイグル人はここに住んでいるじゃないか！　ウイグル人に核実験のことを知らせていないんでしょう！」と指摘して、激しい言い合いになりました。

于田　ウイグル人のデモでは、「原水爆実験反対」だけでなく「民主選挙施行」「イスラームの産児制限撤廃」といったスローガンも掲げていたんですが、一九八八年にはウルムチで「民族教育を守ろう」という大規模なデモが行なわれました。現在の「世界ウイグル会議」のドルクン・エイサ総裁もその場にいて、学生たちをリードしたのですが、結果的に通っていた新疆大学を退学させられ、ドイツへの政治亡命を余儀なくされました。

楊　優れた人物ほど、弾圧のターゲットになるわけですね。

「ウイグルの三冊の本事件」

于田　トルグン・アルマスというウイグル人学者も徹底的な弾圧に遭いました。一九八六年から一九八九年にかけて、ウイグルの歴史に関する本を三冊出版した後、中国当局の監視下に置かれ、何も書くことができない、何も発言できない状態に追いやられたんです。

　トルグン・アルマスは、ウイグル人にとって大事な学者です。私はウイグル人として誇りに思います。彼の三冊の本のおかげでウイグル人が民族意識に目覚めて、「ウイグル人の唯一の道は独立である」ことを証明したからです。しかも、いわゆる中国の二四史からの引用で、その主張を裏付けています。

彼の三冊の本は、ウイグル人の民族運動の原動力となる重要な研究書です。それに対して漢人が書いた「ウイグル人の歴史」は嘘であり、「中共の暴力」の表現でしかありません。彼が弾圧されたことは、ウイグル民族の歴史はウイグル人が書くのが自然で当然の権利であるのに、その権利を中国政府によって奪われたことを意味します。

楊　「ウイグルの三冊の本事件」と呼ばれる事件ですね。

一九九二年六月に、現地調査で新疆を二度目に訪れた際、とても険悪な雰囲気になっていました。

「どうしたんだ？」と聞いてみると、「今からウイグルの三冊の本を批判するキャンペーンをやるんだ」と言うんです。

トルグン・アルマスが書いたのは『匈奴《きょうど》簡史』『ウイグル古代文学』『ウイグル人』という三冊の本です。

『匈奴簡史』は、紀元前三世紀頃にモンゴル高原に初めて成立した遊牧国家である「匈奴」の歴史は、「ウイグル」につながるんだという内容の本です。現在の学界からすると、少し飛躍もあるのですが、匈奴は、中国古代の単なる少数民族に留まらず、世界帝国をつくり、西へ行ってフン族になった、と書いています。

『ウイグル古代文学』では、ウイグルは、元来、文学が非常に豊かで、口承文芸が発達していた、と書いています。

『ウイグル人』では、ウイグル人は中華民族ではない、万里の長城以北は中国の領土ではない、とはっきり書いています。

この三冊の本に対して、中国科学院と中国社会科学院が一緒になって、「マルクス主義民族観、社会主義歴史観に合わず、祖国分裂と汎テュルク主義（第3章参照）を宣伝した」として激しく批判するキャンペーンを始めたんです。我々の調査団を迎え入れるための会見の席上でも、「我々は今、こういう批判をやっているんだ」と、いきなり話し出しました。

こちらは、なぜこういう学術書が批判されるのか、皆目分かりません。ウルムチの本屋へ行っても、この三冊は売っているはずがない。そこで、この三冊を批判する本（『「ウイグル人」等三冊の本の問題に関する討論会論文集』）を購入しました。「こんな本は買いたくないな」と思いながら買ったのですが、中国一流の御用学者たちが二〇人も動員されて、大々的に批判を展開しています。

思想的にも、政治的にも滅茶苦茶だと思いました。トルグン・アルマスのような本を書けば、すぐに「民族分裂主義者」と見られてしまうんです。一九六〇年代の内モンゴルでも、まさに同じことが起こりました。

従来以上の過酷な「出生抑制措置」

于田　一九九〇年四月に、「南新疆」のアクト県バリン郷という村で、中国当局による「産児制限」「計画出産」に反対する歴史的な武装蜂起が起きています。一九八九年の一年間でバリン郷だけで延べ二五〇人のウイグル人女性の子供が強制中絶されました。こうした「計画出産」に抗議し、漢民族の大量移住の禁止を求めて蜂起したんです。その他、ウイグル人に対する政治弾圧・民族差別の撤廃と、民主化を求める要求も掲げられました。ただし、この抗議は、徹底的に弾圧されて、アムネスティ・インターナショナルによると、約六〇〇〇人が「反革命罪」で訴追されています。

楊　かなり以前から、中国政府による「産児制限（バースコントロール）」は始まっていたわけですね。それは南モンゴルも同じです。

当時の中国は「一人っ子政策」でした（その後、急速な少子化を危惧し、二〇一六年に「二人出産」が容認され、二〇二一年には「三人出産」も容認）。ただ少数民族は、子供は三人まで認められていました。これに対して、漢民族も少数民族も、非常に不満だったんです。

漢民族からすると、「なぜ少数民族だけ三人まで許されるんだ」となります。

しかし、人口規模からすると漢民族の方が圧倒的に多い。ですから、少数民族からすると、「膨大な漢民族の人口こそ問題であって、なぜ少数民族の我々が犠牲を払って、産児制限をしなければならないのか」となるわけです。

現在のウイグルでは、もっと深刻な事態が起きています。

二〇一九年春頃から、ウイグルでの強制収容所、強制不妊手術、強制労働などの悲惨な実態が国際的に報じられるようになりましたが、一連の報道の根拠になったのは、ドイツ出身の人類学者エイドリアン・ゼンツ氏（現在、アメリカ在住）の学術研究です。そのゼンツ氏は、『文藝春秋』二〇二一年九月号で、こう指摘しています。

「（新疆ウイグル自治区の）カラカシュ県では二〇一八年から過去二年間で自然人口増加率が八三％も低下しました。

　従来の計画生育政策の規制を上回る厳しさで出生抑制措置をおこなっていることは明らかでしょう。ほかに二〇一八年には、中国国内でおこなわれたＩＵＤ（子宮内避妊具）装着手術の八割が新疆でなされたことがわかっています。不妊手術も大規模に実施されています。

　なかでも、私が見つけた最も残酷なデータは、二〇一九年にホータン市において、女性五二四人にＩＵＤを装着、さらに一万四八七二人に不妊手術を施すとの方針が記された公文書でした。隣のグマ県と合わせて、一年間に出産可能な年齢（一八～四九歳）の女性の一四～三四％に不妊手術をおこなうという目標も出されています。

　背景には、再教育キャンプへの収容政策も関係しているでしょう。男性の収容対象者は家長が多い。家長がいない状態であれば、残された夫人や娘に不妊手術を強制的に実施することも容易になります」

ゼンツ氏の研究が信憑《しんぴょう》性を持っているのは、その多くが中国側の公式資料にもとづいているからです。共産党独裁体制下の「計画経済」のように、こうした「不妊措置」も「計画的」に実施されているわけです。「ジェノサイド条約」には、「集団内の出生を妨げることを目的とした措置を課す」ことが「ジェノサイド」の定義の一つとして明記されていますが、そのままこの定義に当てはまるような「民族殺戮計画」です。

出生数がわずか五年で半減

于田　私の周りのウイグル人の何人かも「私は強制的に不妊手術をされた」と証言しています。

楊　実際、ウイグル人の出生数は、激減しています。『西日本新聞』の坂本信博記者が、具体的な数字を挙げて、この問題を指摘していますが、『中国人口・雇用統計年鑑』『中国保健衛生統計年鑑』『新疆統計年鑑』など、中国政府の公式資料から読み取ったものです（二〇二一年二月四日・五月一九日付）。

『新疆統計年鑑』によると、新疆の出生率（人口一〇〇〇人あたりの出生数）は、一九九〇年の二六・四一人から減少して、二〇〇一年以降は一五〜一六人前後で推移していたのが、二〇一八年には一〇・六九人に急減して、全国平均（一〇・九四人）を下回っています。二〇一九年には、さらに落ち込んで、八・一四人にまで下がっています。二〇一四年は一六・四四人でしたから、わずか五年で「半減」しているんです。
また『中国保健衛生統計年鑑』によると、男性の精管や女性の卵管を結紮《けっさつ》する「不妊手術」が、新疆では、二〇一六年に六八二三件だったのが、二〇一八年には六万四四〇件と、約九倍に急増しています。

于田　一九七九年から続いた「一人っ子政策」は二〇一五年で終了したので、中国全体では、二〇一六年以降、不妊手術やＩＵＤ装着手術が急減しました。ところが、「新疆ウイグル自治区」では逆に急増し、二〇一七年時点で、不妊手術を受けた男女は約一九万人にも達しています。
自治区の地域別統計によると、二〇一八年時点で不妊手術を受けた人の九九％、ＩＵＤ装着者の六三％が、ホータン、カシュガル、アクスの三地域に集中していますが、この三地域は、ウイグル族が全体の人口の八～九割を占めています。

東京大学教授の平野聡氏は、中国で「最も権威ある統計」とされる『中国統計年鑑』の公式発表のデータから、「異常な人口動態」を突き止めています。ここ数年、中国の他の少数民族地域では、少数民族人口が漸増しているにもかかわらず、「新疆ウイグル自治区」のみ、二〇一七年から二〇一九年にかけて、総人口が、二四四四万六七〇〇人から二五二三万二二〇〇人へと七八万五五〇〇人増加している一方で、少数民族人口は、一六五四万四八〇〇人から一四八九万九四〇〇人へと、一六四万五四〇〇人も激減している、と。

楊　ゼンツ氏によると、中国政府が弾圧を強める以前は、新疆地区の少数民族の人口は、二〇四〇年に一三一〇万人に達すると予測されていたのが、現在では、八六〇万～一〇五〇万人と予測されています。これについてゼンツ氏は、「ウイグル族の人口に対する中国政府の長期計画の意図」と明確に指摘しています。

私自身も、中国当局のデータにもとづいて、「新疆ウイグル自治区のウイグル人口は約一〇〇〇万人で、漢民族は約八〇〇万人だから、人口が拮抗してきた。しかし、生産建設兵団と軍隊を入れれば、漢民族人口の方が多く、人口構成が逆転した」と新聞に書いたことがあります。すると、「いや、ウイグル人は、今はもう七〇〇万人だよ」というコメントが寄せられたので、慌てて調べたら、人口激減が起こっていました。

そもそも中国の統計は、いい加減なもので、データがまちまちです。ただ、ゼンツ氏が指摘しているように、ウイグル人の人口と出生数が激減していることは、間違いありません。それに加えて、ウイグル人を中国内地へ強制移住させています。男性は工場での強制労働に、女性も紡績工場や風俗産業などに、村ごと強制連行されていて、その行き先もわからない。

于田　漢民族をウイグルに入植させ、逆にウイグル人を中国内地へ移住させることで、ウイグル民族の絶滅を図っているわけです。

生産建設兵団に組み込まれる「下放青年」

于田　「新疆ウイグル自治区」で、漢民族人口が急増していることについて、平野氏は、「新疆ウイグル自治区における少数民族が極めて『不自然なかたち』で急減し、それを上回るかたちで外来の漢族が新疆に補充されたことを意味する。その結果、新疆における少数民族の比率も、僅か二年間で六七・七％から五九・一％へと、八・六％も減少するという異常事態となっている」と述べています。

楊　二〇一三年に、新疆カシュガル郊外のレストランに入ったときのことですが、とても嫌な目で見られたんです。ところが「僕は漢民族ではなくモンゴル人です」と言うと、「どうぞ、どうぞ」と歓迎されました。

それで地元の人にインタビューをしてみると、「ウイグル人が商売をしようとしてもなかなか許可が下りないが、四川省や安徽省からやってくる漢民族はすぐに戸籍をもらえて、店を出す許可もすぐに出る」と不満を口にしていました。中国には厳格な戸籍管理制度があるはずなのに、漢民族が新疆に行くような場合には、必要な書類が揃っていなくてもすぐに許可が出るわけです。

于田　土地や工場や住居や引っ越しの補助金までもらっている人もいます。

楊　ですから、言葉は汚いですが、漢民族のなかでも「かなり悪質な連中」が新疆へ流れてきているんです。

于田　子供の頃はあまり注意していませんでしたが、気づいてみると、漢民族が周囲にだんだん増えていました。大学で出会った「新疆」の他地域出身の学生も、皆、同じことを言っていて、「幼い頃はあまりいなかった漢民族が次第に増えて、良い土地は、すべて漢民族の生産建設兵団に支配されて、ウイグル人の生活が苦しくなった」といった話をたくさん聞きました。

「生産建設兵団」は、もともとは東トルキスタンに侵入してきた人民解放軍の退役軍人を主力としたもので、構成人員のほとんど全員が漢民族です。共産党と軍隊と企業が一体となった組織で、中国政府から農地開墾と国境警備の役割が与えられてきました。その圧倒的な権力をもとにして、東トルキスタンの最も肥沃な耕地や放牧地を占拠し、貴重な水資源を支配して、莫大な富を築いてきたんです。

　東トルキスタンの住民が、漢民族の横暴に異議を唱える時には、これを弾圧する役割も果たしてきました。総数二五〇万人の兵団で、有事の際には直ちに「戦力」として機能し、巨大な経済力も維持しています。東トルキスタン各地に一四の師団が散在し、交通と国境の要衝を押さえています。同時に巨大な農業組織でもあり、世界トップ級の綿花とケチャップの生産者でもあります。

楊　ウイグル人は「オアシスの民」ですが、水の良いオアシスは、漢民族の生産建設兵団が押さえています。そこにはウイグル人が住んでいたのに、今はウイグル人が追い出されて生産建設兵団が居座っているわけですね。

生産建設兵団というのは、「屯田兵の中国版」ですが、中国の一つの伝統をなしています。中国歴代王朝は、「万里の長城」の内側の政権を守るために、「農民」を「軍隊」のように組織して国境地帯に配備してきました。そうした国境防衛と同時に、国内の余剰人口、とくに打ち負かした前王朝の軍隊をうまく利用するという狙いもありました。中国共産党も、その伝統を受け継いだわけです。

中華人民共和国の成立後に、新疆に入った生産建設兵団の前身は国民政府軍です。国共内戦に敗れ、中国共産党に帰順した国民政府軍のうち、高級将校は刑務所へ送られましたが、下級士官や兵士は残されて、粛清を経て、生産建設兵団に組み入れられたんです。

新疆の生産建設兵団は、一九五四年一二月に設置されました。総員一八万人で、これが当時、新疆にいた漢民族のほぼ総数です。

しかし男ばかりの集団なので、上海や山東省や湖南省から女性を大勢移住させました。そして生産建設兵団の男と結婚させる。これも中国政府に言わせると「辺境支援」なんです。

こうして家庭をつくって住み着くので、生産建設兵団の人員は増える一方です。一九六一年には約八六万人となり、さらに一九六八年以降、上海などからの「下放（国民を地方に送り出す政策）」の青年も加わって、一九七一年の時点で、ウイグル人人口の約半分に相当する三〇〇万人近くにまで達しています。

生産建設兵団は、オアシスごとに師団がいて、それぞれの歴史が公刊されています。これを読んでみると、「強制的に結婚させられて精神的におかしくなった」といった話がたくさん出てきます。ただ、それも「私たちは祖国を支援するために多大な犠牲を払った」という視点で書かれています。

私などは読んでいて「では、現地のウイグル人、カザフ人、モンゴル人はどう思っているのか。生産建設兵団はあたかも無人の大地に入っていったかのように書いているが、嘘だ！　そこは昔から、ウイグル人、カザフ人、モンゴル人が暮らしていた土地だ！」と思うのですが、そうした点への言及は一切ありません。

要するに、漢民族は、「加害者」なのに「加害者意識」がない。「差別」しているのに、「差別している意識」がない。無邪気に「自分は偉い」と思っているからです。

国際情勢と生産建設兵団

楊　生産建設兵団は、私の故郷である内モンゴルにも入ってきています。その背景として、国際情勢も関係しています。

一九六〇年代に中ソ関係が悪化し、中国とモンゴル人民共和国との関係も悪化して、モンゴルを支えているソ連がいつ攻めてきてもおかしくないという状況のなかで、内モンゴルから黒竜江省に至るモンゴル・ソ連との国境沿いに、生産建設兵団がずらっと並べられました。

黒竜江生産建設兵団は、一九六八年六月に設置されています。当初、約一万人でしたが、北京、上海、天津からの「下放青年」も受け入れ、一九七五年までに、約三九万人もの青年が編入されました。
内モンゴルの生産建設兵団は、「文化大革命の大虐殺」のさなかの一九六九年五月に設置されました。発足当初は一万人規模でしたが、こちらも「下放青年」を受け入れて、一九七二年には、約七万人を擁しています。
新疆の生産建設兵団にも、内地から「下放青年」が大勢来たはずですね。新疆でも中ソの国境紛争が何度も起きていますから。

于田　「新疆ウイグル自治区」はインドとも国境を接しているので、インドとの国境紛争もありました。

楊　中国は、人民の不満を発散させるために、外敵との衝突を常に利用してきましたが、一九六二年の中印国境紛争にも、一九五〇年代末からの大躍進政策などで四〇〇〇万人以上の餓死者を出したことから民衆の目を逸《そ》らさせる狙いがありましたね。
実は、「生産建設兵団解散論」が唱えられた時期もありました。辺境の少数民族地域に、漢民族がすでに十分に定着し、少数民族はもはや抵抗できないだろう、というわけです。

ところが、国境地帯が再び不穏になって方針が変わりました。

まず一九八九年、新疆の生産建設兵団で、上海出身者を中心に「故郷に戻りたい」という暴動が起き、指導者が逮捕、処刑されました。その直後に、天安門事件が起き、さらに一九九一年にはソ連が崩壊して、中央アジア諸国が独立します。

于田　その結果、「新疆ウイグル自治区」は、モンゴル、ロシア、カザフスタン、キルギス、タジキスタン、アフガニスタン、パキスタン、インドという八カ国と国境を接することになりました。

楊　ですから、新疆の情勢は一気に緊張が高まったわけですね。そのため北京からの締めつけが厳しくなり、生産建設兵団も解散どころか、再強化されました。

そこで「故郷に帰りたい」と言っていた連中の不満も解消されます。「お前らにはいい給料を払う。いい家を建ててやる。いい武器弾薬を支給してやる」と、待遇が大幅に改善されたからです。そして「ウイグル人に対して何をやってもいいよ」と政府は見て見ぬふりをする。こういう流れが今日まで続いています。いまや新疆の生産建設兵団は、人民解放軍にも見劣りしない武器を備えており、「屯田兵」というより完全な「軍隊」です。ウイグル人が対抗しようとしても、まったく歯が立ちません。

中国のウイグル政策には、こうした国際情勢も大きく作用しています。

文革後の「寛容」

于田　私の父のことを振り返ってみても、一九八〇年代は、今とはかなり違っていました。父は、中国共産党の党員ですが、以前はイスラームの礼拝に行っても党から何も言われなかったんです。しかし、今はダメです。

父は共産党員として、炭鉱で働いていました。中国語もできるし、性格も穏やかで、政府関係の漢民族にも知り合いが多く、政府と住民の仲立ちをしたり、頼まれて工場の管理者として働いたこともあります。

一九七八年に始まった改革開放政策で、一九八〇年代は、中国政府も経済中心で、政治面でも穏健な姿勢をとるようになりました。

当時、新疆大学が発行していた『社会研究』という雑誌には、ウイグル語で書かれた、ウイグルの歴史、文化、伝統に関する論文がたくさん載っていて、ウイグル人が書いたものも、ウイグル研究者が書いたものも多くありました。父はそうした論文を読んでいて、その後、私も読むようになりました。

　父は、自分の意思か、工場や政府からの指示かは分かりませんが、新疆大学で短期間、勉強したこともあります。同じウイグル語系統でも、チャガタイ・ハーン国（モンゴル帝国の四ハーン国の一つ）時代のチャガタイ語の読み方、書き方、話し方は、今のウイグル語と違うんです。父はどこで勉強したのか分かりませんが、この時代のチャガタイ語を読めます。知識人というわけではないのですが、周りの同年代の人と比べると知識は多い。ただ、歴史の話は、子供にはあまりしません。

　文化大革命の時期は、ウイグルの歴史の古い本を持っているだけで危険だったので、皆、どこか見つからないところに隠しました。それを、一九八〇年代に政治的締めつけが緩んだところで取り出してきて、誰に引き継げばよいかという話になり、その関係で父のところに古い本が集まってきました。私たちは読んでいませんが、父は読んでいます。ただ、その内容は私たちにも話していません。

父は炭鉱で働いていたので、文化大革命の時も、大学の先生たちほど厳しく追及されることはありませんでした。それで、大学の先生が保管できない本を炭鉱の人々に預けるようにもなったようです。「精神を改造するために労働が必要だ」と、大学の教授を石炭工場で働かせたこともあったので、父の工場にも何人かいたそうです。

楊　一九六六年から一九七六年までの文化大革命期は、南モンゴルで大虐殺がありましたが、イスラーム教やチベット仏教も徹底的な弾圧に遭い、新疆のモスクやチベット仏教寺院が破壊されました。それが一九七六年から一九九〇年代までは、文革に対する反省から、イスラーム地域ならモスクを再建していいよ、チベットなら出家してもいいよ、お寺を再建してもいいよ、と穏健路線に転換するんです。ところが、これも、一九九〇年代後半になると、「あれはちょっと許しすぎた」と言うようになります。

文化大革命期は、ウイグルでは、ウイグル語文献が禁止され、アラビア文字で書かれたウイグル語の新聞や出版物は、まったくありませんでした。一九八〇年代になると、ウイグルの長老たちが「アラビア文字、ウイグル語の復活」を主張し、文革への反省から、中国政府もこれを許したんです。中国当局は、そのことを後悔しています。「アラビア文字、ウイグル語の新聞、雑誌、出版を禁止したままにしておけば、今こんな面倒なことにはなっていない」と、一九九〇年代後半にはっきり言っていました。

　モンゴルについても同じです。「緩くしすぎたから、お前らは調子に乗ってチンギス・ハーンだのなんだの言い出して、コントロールが利《き》かない」と言っています。「モンゴル語なんて廃止してしまえ」というのが、彼らの本音です。それで二〇二〇年九月から、小中学校で、モンゴル語の授業が大幅に減らされ、中国語教育が強化されました。

　要するに、彼らは文革期に戻したいんです。我々からすると、一九八〇年代から九〇年代の措置でも十分ではないのに、文革期に戻すなど、まったくあり得ません。

ウイグル語文献の「焚書」

楊　新疆ウイグル自治区は、カシュガル、ホータン、アクス、トルファンと、西から東に行くにつれてイスラーム色が薄れていきます。

新疆ウイグル自治区北部のカザフスタンとの国境付近に、イリ・カザフ自治州があります。ここには、カザフ人とウイグル人がいるのですが、さらにモンゴル人もいて、かつてはモンゴル語で教育する学校もありました。ところが、二〇一七年から、モンゴル語だけでなく、ウイグル語とカザフ語の教材の使用も禁止され、ウイグル語の文学や歴史に関する出版物の焼却も各地で行なわれました。まさにナチスの「焚書」です。

それまでは制約があっても、それなりの自治を行なっていたわけです。しかし「西の方からイスラームが入ってきて、テロを助長している」と見られて、イスラーム色の強い地域から弾圧が始まりました。

于田　今は党員だけではなく、政府と関係のある会社などで働く人も、イスラームの礼拝に行くのは禁じられています。私の長兄は、党員でなく、お酒も飲むのですが、金曜日には礼拝に行くので、一度、拘束されて、一年四カ月間、収容所に入れられました。「政府関係の工場で働いているからだ」というのが、その理由でした。その長兄は、外国にいる子供二人に送金した時にも捕まって、収容所に入れられました。

楊　中国のいつものやり口ですね。例えば、内モンゴルで、漢民族が商売でいくら稼いでも問題ないのですが、モンゴル人が少しでもお金を手にすると、「この金は何に使うんだ？　分離独立運動か？」と必ず目を付けられて追及されます。

ウイグル人を点数化

于田　ウイグル人は「政治的な信頼度」の点数を付けられます。「人口個人情報採集表」が配布され、「常住戸民族語系点数表」で採点されて、身分証明書と紐づけされています。

　点数表は、一〇〇点満点で、ウイグル人ならマイナス一〇点、パスポート保持者ならマイナス一〇点、礼拝していればマイナス一〇点、宗教知識があればマイナス一〇点、問題とされる二六カ国のどこかへ行ったことがあればマイナス一〇点などと採点され、マイナスの合計が七〇点に達すると、「信用できない人物」「要注意人物」となります。今なら「教育訓練センター」という名の強制収容所に送られることは間違いないでしょう。

楊　例えば、エジプトの大学に留学したら直ちに減点とか、イランなら少しマシで、カザフスタンなら多少の減点で、トルコだったら大幅の減点、という具合にどんどん点数を減らされていくわけです。

于田　「ウイグル人の危険人物リスト」のようなものがあって、およそ一万五〇〇〇人もの人々がリスト化されています。

楊　私もそれを見たことがあります。中国側から見た「テロリスト予備軍」のリストですね。

于田　リストに載っているのは、テロ関係が半分以上です。信じがたいことですが、五歳や一〇歳の子供も入っているんです。

楊　点数の基準を単純に当てはめていくと、子供でも、親に付いて海外に行ったとかで減点されて、そういうことが起こるわけです。

于田　そこをＡＩの判断で点数化して、多い時には、一週間に一万人ぐらい逮捕しています。

楊　科学技術が民族弾圧、ジェノサイドに悪用されているんです。中国共産党は、「目の虹彩」や「血液型」や「ＤＮＡ」をデータ化して、デジタル管理しています。

于田　二〇一七年、中国国営新華社通信が、「新疆ウイグル自治区」の総人口の九割に当たる約一九〇〇万人が当局による「検診」を受けたと伝えています。

　中国インターネットポータルサイト「新浪」が入手した「新疆ウイグル自治区」衛生計画生育委員会の情報によると、なかでもウイグル人密集地域の南新疆では、約九〇〇万人の住民の一〇〇％が「検診」を受けたようです。この「全民検診」で、一二歳から六五歳までの全住民の「ＤＮＡ」「血液サンプル」「指紋」「虹彩」などの生体データを集めています。

楊　従来の「档案《とうあん》」（個人の経歴や思想を記した公文書）に記載された情報は、出身、親戚関係、本人の経歴などに限られていましたが、現在の中国当局は、生体データや移動の履歴など、住民のありとあらゆるデータを管理しています。しかも恣意《しい》的に解釈されて、「この旅行は何が目的だったのか」と追及されたりするわけです。そもそもパスポートを取ること自体が「犯罪予備行為」とみなされて、減点対象になっています。

在日ウイグル人の苦悩

于田　ウイグル人は、パスポートを自分で所持しておくことすら許されていません。例えば私は、二〇〇六年に、日本での学会に参加するためにパスポートを取得しましたが、帰国後に没収されました。そして二〇〇八年に日本に留学する時は、いろいろ誓約書を出して、ようやく取得できました。

楊　「中国政府に反対する団体には参加しません」といった誓約書ですね。

于田　現在は、在日中国大使館が、在日ウイグル人のパスポート更新手続きを受け付けなくなっています。しかし帰国すれば、収容所行きの運命です。日本に帰化する以外には、日本に合法的に留まることもできず、やむを得ず難民申請をする人も増えています。

私の周りのウイグル人の大部分は、もともと「亡命者」ではなく「留学生」として日本に来ています。ウイグルのなかでも優秀な人たちです。彼らは皆、日本の大学や会社で勉強をして、そして、いずれは国に帰りたいと思っていました。ところが、二〇〇九年のウルムチ虐殺をきっかけに、日本に帰化する人が増えました。周りの尊敬する先輩たちも帰化しています。

他方、私の兄の娘は、いま日本に難民申請をしています。彼女は韓国から日本に来ました。私は日本の学校に行かせたいと思ったのですが、ビザが取れなかったんです。それで難民申請をしました。

ただ、日本の法律で難民申請がどういう仕組みになっているのか、よく分からない。周りの人も、皆、留学生として来日しているので、誰も難民申請の経験がない。それでまごついているうちに、三日間だけですが、オーバーステイになってしまいました。仮放免にはなったのですが、仮放免では働くことができません。私の兄夫妻は強制収容所に収容され、行方不明になっていたので、私がサポートしていますが、先が見えない状況です。

ウイグル人に体罰を加える漢人教師

于田　一九五五年に「新疆ウイグル自治区」が成立した当時は、ウイグル語などの民族言語による教育が行なわれて、中国語は選択科目でした。しかし一九六〇年代から、中国語が民族学校で必須科目になる一方で、中国語学校ではウイグル語の選択科目が廃止になりました。二〇〇四年には、「ウイグル語」科目だけをウイグル語で授業し、その他の科目はすべて中国語で教えることになりました。これを「双語教育」と呼んでいます。

最近、日本に来たウイグル人から、現地の様子をいろいろ聞きました。近年、漢民族の先生が内地から大勢やってきて、なかには質の悪い先生も多いので、ウイグル人の生徒に体罰を与えるのがごく普通のことになったと言っていました。その学校では、ウイグル人の先生は、授業の担当から外されて、学生や寮の監視をするだけになり、生徒に教えるのは漢民族の先生ばかりになった、と。

例えば、二〇一七年のホータン地区・チラ県政府ウェブサイトによると、人口一三万人のこの県で、一〇九三人の教師を中国内地から募集しています。ホータン地区政府からも、現地の一般教師給与の二倍以上の賃金で同様の募集がなされています。

楊　最近の内モンゴルも同じです。教師の新規募集の対象は、少数民族でない中国人です。すると、中国内地で無職だった人たちが内モンゴルに来て、学校の先生になり、モンゴル人の先生は、警備員、受付、清掃、給食の係などに追いやられています。このやり方は、新疆をモデルにしているのでしょう。

于田　ウイグル人の先生が監視役になるのは、生徒に嫌われる役はウイグル人に務めさせるという意味もありますね。

楊　そういう嫌らしさがあります。

新疆には、モンゴル人地域もあって、三〇万～四〇万人のモンゴル人がいます。それで中国政府は、ウイグル人の教師を信用せずに、モンゴル人教師を積極的にウイグル人の学校に配置していました。要するに「モンゴル人を使ってウイグル人を監視する」やり方です。

例えば、知人のモンゴル人も、数年前からトルファンで小学校の校長先生を務めていました。北京から見て、「ウイグル人よりモンゴル人の方がまだマシだろう」という判断からです。彼も自分の立場が分かっていたので、努めて慎重にしていて、二〇二〇年、内モンゴルでモンゴル語による授業が減らされた際も、いっさい発言しなかったのですが、この前、中国の治安当局に呼ばれて、「あなたはウイグル人に同情していると追及されたそうです。

「いや、同情した教育は一度もやっていない。共産党の政策をちゃんと実行している」と答えたのですが、「内心で同情しているでしょう」「あなたは内モンゴルへ帰れ。ここの教育はすべて漢民族がやるんだ」と言われてクビになりました。

「内心」を問うやり方は、まさに文化大革命の時のものです。『内心』なんて、どうやって分かるんだ！」と反論しても、「あなたはモンゴル人だからだ」という理屈になる。

　私の集めた情報では、その学校のモンゴル人教師は、二〇二一年七月の時点で全員クビになっています。「もうモンゴル人は信用できない」「こいつらは裏でウイグル人と結託していて、ウイグル人に同情的だ」として、代わりに内地から大量の漢民族教師を入れているわけです。しかし、ウイグル人の子供には、中国語ができない生徒もいて、教師の言うことが分からない。するとすぐに叩くわけです。

于田　そういう体罰の動画がたくさん世に出ています。子供たちが学校に行きたくなくなるのも当然です。学校なのに「収容所」のような状態です。

「両面人」さえも許されなくなった

于田　モンゴルでも同じでしょうが、ウイグルで「双語教育」を履行しなかったり、サボタージュした人は「両面人」「両面派」として懲罰されることになりました。二〇一七年にホータン地区政府のホームページに掲載された「双語教育規定五カ条」には、こう記されています。

（1）国家通用言語文字（漢語）を全面普及し、民族言語を付加した双語教育原則を堅持すること

（2）二〇一七年秋学期から小学校入学前の三年で漢語教育を徹底し、小学校一年、中学校一年から漢語教育を全面実施、二〇二〇年には漢語教育を全体的に実現すること

（3）漢語教師がウイグル語で研修を受けるという間違ったやり方を止めること

（4）教育系統内、学校内でウイグル語文字、スローガン、図画などの使用を断固禁止すること

（5）教育系統の集団活動、公共活動、管理ワークの中でのウイグル語の使用を断固禁止すること

以上の双語教育政策に対しての怠慢、不履行、小細工などをした人は、「両面派」、「両面人」として厳重に懲罰される、と。

楊　「両面人」とは「両方にいい顔をする人」という意味ですね。「政府」と「ウイグル人」との間で板挟みになっている人で、両方から嫌われている人もいますが、ウイグル人に対しては「多少は我慢しよう、現実的になろう」と抑えて、政府に対しては「ウイグル人の立場も理解してください」と、何とか両方の仲を取り持とうとしてきた人たちもいます。

于田　私の知り合いには、新疆の公務員も多いのですが、一〇年ぐらい前なら、本音で話ができたんです。しかし最近は、公務員なので「両面人」として苦しい立場になって、何も言うことができなくなっています。

楊　これまでは、北京や蘭州や山東省などの内地に若者を送り込んで、ウイグル人の「親北京派」を育てようとしてきたわけですが、それはもう無理だと判断して、強

硬政策に切り替えたように思います。要するに「『漢民族の新疆』にしてしまおう」という政策、つまり「少数民族の殲滅政策」です。「両面人」の存在すら許さなくったのは、大きな方針転換です。

于田　新疆大学学長だったタシポラット・ティップ博士と新疆医科大学学長だったハリムラット・グプル博士も、「両面人」として拘束され、強制収容所に入れられ、二〇一八年に「地位を利用して反政府活動を行ない、分裂主義を実現しようとした」という理由で、二年間の執行猶予付きの死刑判決を受けました。これは、信じられない仕打ちです。

中国、とくに辺境地域で、政府との良好な関係なしに、金持ちになるのは不可能です。学者も同様で、ある程度の地位があるのに政府に反対するのは、ほぼ考えられないことです。

二人のウイグル人の大学学長も、何度も調べられて、政府側として信頼できるという判断があって、大学のトップになったはず。それなのに逮捕して、死刑判決を下してしまいました。

楊　タシポラット・ティップという人は、それこそ「中国共産党の代弁者」のような人でしたね。

于田　新疆大学の共産党副書記も務めていて、研究プロジェクトで成果を上げて、中国教育省から表彰されたこともあります。

楊　しかし、もはや「ウイグル人」というだけで、処分の対象になったのでしょう。

于田　私の新疆大学の先生は、タシポラット・ティップさんと同時期に日本へ来ています。しかも同じ日本の大学です。二人は背が高いので、バレーボールのチームをつくって、大学対抗の試合に参加して、優勝までしたんです。その時の写真を見せてもらったことがあります。

ティップさんは、学長にまでなりましたが、私の先生は、自分の研究室を持っただけでした。研究と教育に専念していたからです。

弾圧者も弾圧される

于田　ウイグルでの弾圧がさらに厳しくなった一つのきっかけは、チベット自治区共産党書記としてチベット人弾圧で「成果」を上げた陳全国が、二〇一六年に「新疆ウイグル自治区」の党書記に就任したことがあります。

彼がまず行なったのは、ホータン地区の党・政府責任者九七名を免職処分にすることで、処分対象のほとんどはウイグル人でした。「タバコを吸ったこと」が理由ならまだしも、「宗教指導者の前でタバコを吸うことを躊躇《ためら》った」として懲戒免職された人もいます。

楊　宗教的規範を守っているとして、処分の対象になったわけですね。

于田　ウイグルでは、公安関係者も弾圧の恐怖に晒《さら》されています。ホータン、カシュガル、ウルムチなどの公安局幹部が次々に拘束されました。とくにウルムチ市公安局のカディル・メメット元副局長とジュレット・イブラヒム前副局長などは、ウイグル人を冷酷に弾圧する側の人物として知られていたのに、二〇一九年に相次いで拘束されました。詳細は不明ですが、強制収容所の内情などを知り過ぎていたからだろうとも言われています。

もともと「新疆ウイグル自治区」と言っても、形式的に自治区主席がウイグル人というだけで、党書記を始め自治区幹部の多くは漢民族です。

楊　その主席にしても、「両面人」のウイグル人が共産党に指名されるわけです。

于田　ですから、トップと言っても、発言内容は党が決めるので、発言権などありません。

楊　モンゴルも同じです。自治区レベルだけではなく、下級単位の自治州、自治県、自治郷に至るまで、「党委員会書記」は、必ず漢民族です。地方政府機関では、「正職」は漢民族、「副職」は少数民族に決まっています。稀に漢民族の副部長や副課長がいると、「お前、少数民族か」と冗談を言われる。それぐらい徹底しています。

于田　私が大学にいたときは、珍しく大学院の党書記がウイグル人でしたが、一見、漢民族の大学院長より地位が高いように見えても、実際は、ウイグル人の方が地位が低く、自分では何も決めることができませんでした。

楊　名目上の地位があっても、実権を与えないんです。

新疆で第一に感じたのは、ウイグル人がすっかり気力を失っていることでした。あまりにも長期間、植民地的な抑圧政策を受けてきたために、やる気を失くしているんです。

私などは「なぜ漢民族に抵抗しないんだ！　殴られたらやり返せばいいじゃないか！」と言うのですが、「いやいや、とても無理だ」という反応で、どこか暗いというか、非常に鬱屈したものを感じました。それだけ徹底的に弾圧されてきたということです。個人で奮闘したところで、すぐに逮捕、投獄され、テロリストのレッテルを貼られるだけ。そういう諦めのようなものも感じました。

公共空間での中国語の強要

于田　自治区の会議では、上にウイグル語、下に中国語で掲示が出ていましたが、今はウイグル語の掲示はないかもしれません。新疆大学のロゴマークも、ウイグル語と中国語の大きさが同じぐらいでしたが、ウイグル語がだんだん小さくされて、やがて削除されてしまいました。その後、ウイグル語表記は復活はしたのですが、元は英語の「ユニバーシティ」を意味するウイグル語だったのに、中国式の「大学」に変えられました。

楊　内モンゴルでも、二〇二〇年あたりからモンゴル語の看板が大量に外されて、書店からは、モンゴル文化やチンギス・ハーン関係の本が姿を消しています。建物には「公共の場につき、中国語を使いなさい」というスローガンが掲げられて、公共の場でウイグル語やモンゴル語で喋っていると、「あいつは信頼できない。減点だ」ということになります。

于田　まさに「『内心』で中国政府に反対している民族主義者だ」ということになるわけです。

「中国共産党」は、かつてはウイグル語式で「ジュングォコムルスパルティ」と言っていましたが、今では中国語式で「チュングォゴンチュワンダン」と呼ぶようになりました。

楊　「中国」は、ウイグル語で「ジュングォ」と言うのに、「チュングォ」と言わなければダメになったんです。「キタイ」というテュルク語系の言い方もありましたが、これもダメです。

「党」も、「パルティ」というウイグル語ではなく、「ダン」という中国語読みにしろ、と。以前はいかにも中国的な用語は中国語で発音しろということでしたが、今から見れば、まだ序の口で、その後、全面的に中国語化が進められたわけです。

子供の名前も自由に付けられない

于田　いまの新疆では、子供の名前も自由に選べません。「モハメッド」といったイスラーム色の強い名前は、明確に禁止されています。しかも名前に使う漢字にも制限があります。

楊　少数民族の名前だと、どうしても漢字は当て字になるのに、そこで「この字を使え」と限定される。文革期の南モンゴルでもそうでした。モンゴル人で「衛東（＝毛沢東をまもる）」「東風（＝西側に勝つ）」「文革」といった名前だと、文革期の生まれだとすぐに分かります。

于田　町や通りの名前も、ウイグル語名から中国語名に変えられました。

楊　中国人は、少数民族の言語による地名があるのに、すべて中国語に変えてしまう。元の地名の発音は中国人には難しいし、そもそも発音を学ぶ気すらないんでしょう。

内モンゴルでは、「盟」や「旗」という行政組織名も「市」に変えられ、「ジェリム盟」は「通遼市」、「ジョーウダ盟」は「赤峰市」になりました。それが進歩のシンボルだと言うんです。

私の名前も、文化大革命の時代に「オーノス・チョクト」というモンゴル名ではいじめられるということで、中国名に変えられました。今の日本名の「大野旭《あきら》」は、モンゴル名の「オーノス」に「大野」という当て字をして、「旭」はモンゴル名の「チョクト」を意味的に訳したものです。

于田　私の名前の「于田（ウダ）」は、ウイグルの地名です。ホータンの近くで、中国語では「ウーティェン」と読みます。本当はこの漢字は使いたくないのですが、日本への帰化を申し込んだ時に、「簡単な漢字を使っていただけますか」と言われて、この字にしました。

「ウダ」は、私の父の家族が生まれた場所です。私が死んでも、誰かが私の名前を検索すれば、新疆のホータン付近の地名が出てくるので、「この人は日本人ではなくウイグル人かな」と考えてくれるかもしれない。帰化したウイグル人は、皆、そんなふうに日本名をつけています。

例えば「和田」は、中国語読みでは「ホータン」になります。「アクス」は「白い水」という意味なので「白水」。天山山脈から取って「天山」という名前にした人もいます。

自分に縁のある土地の名を苗字にして、「自分たちの出自を忘れないでほしい」という思いで、子供たちに渡すんです。というのも、ウイグルでは、学校だけでなく、公共活動、集団活動でも、ウイグル語の使用が禁止されているからです。

「ホームステイ」という名の家庭内監視

于田　中国共産党の幹部が、ウイグル人の家庭に住み着いて「指導（監視）」することまでなされています。住民と「双親（親戚）」になり、住民の「宗教意識」や「共産党への忠誠度」を調べ、一人一人に点数を付けるんです。家族が収容所に入れられて若い女性だけが残った家に、漢民族の男性が「親戚」として寝泊まりするケースもあるようです。

まずは共産党として信頼できない人の家が優先対象なのでしょうが、漢民族の公務員の数は多いので、結局はすべてのウイグル人家庭に入ろうとしているように思えます。

国際人権組織ヒューマン・ライツ・ウォッチも、「ウイグル人密集地域の一般家庭が、近年、政府幹部による定期的な『ホームステイ』の受け入れを強いられている」と報告しています。二〇一七年のある官製メディアの報道によると、当局が職員一〇〇万人を農村へ派遣して、ウイグル人家族と「共に食べ、共に住み、共に労働し、共に学習」させると宣伝しています。

そこで皆が心配するのは、子供が何かまずいことを言ってしまうことです。子供の言ったことを理由に両親が拘束されたケースもあります。

楊　文革期の内モンゴルもまさにそうでしたが、子供が毛沢東の悪口などをうっかり言うと、子供も逮捕されるし、親も逮捕されるんです。

于田　公共空間ではなく、家庭内のプライベート空間なのに、「中国語で話せ！」

と強要されます。「アッサラーム・アライクム」（アラビア語で「こんにちは」）と言うのも禁止です。「ごちそうさま」をウイグル語で言うこともできない。

豚肉・酒の強要

楊　厳格なイスラームの家庭では、台所で豚肉を調理するだけでもタブーですが、家庭に入り込んでくる漢民族は、おそらく豚肉を要求するでしょう。

于田　餃子などを持ってきて、「一緒に食べよう」と言います。餃子の中にはおそらく豚肉が入っていて、それを食べるかどうかを監視します。「ハラル（イスラームの規則）」を守っていると、それだけで「民族分離主義者だ」と断罪されてしまうんです。

厳格なムスリムは、お酒もタバコもやらないので、ウイグルでは、一九九〇年代後半から二〇〇〇年頃に、お酒を飲んだりタバコを吸ったりできるレストランと、それができないレストランを分けたんです。しかし今は、分けることが許されていません。政府が「すべてのレストランで酒もタバコも認めるように」と圧力をかけているからです。

楊　新疆には「飲酒訓練センター」のようなものまで存在します。「豚肉を食わせるセンター」もある。宗教のタブーをわざと破らせるための施設です。まさに「踏み絵」です。これに応じないと、「過激なイスラーム思想の持ち主だ」とされてしまう。イスラーム教徒は一日五回の礼拝をするのに、ホテルやレストランには「礼拝禁止」という紙が貼ってあります。信仰が公然と制限されているわけです。

私生活も二四時間監視

楊　新疆中部クチャ市のウイグル人住居の玄関には、所轄警察官の写真と携帯電話番号を記したポスターが貼られていて、「民族分裂運動を行なう者を見つけたら直ちに通報せよ」と書いてありました。

于田　玄関にQRコードを貼られたウイグル人の家もあります。警察が週に数回来て、それを特別なiPadでスキャンするんです。音声記録の機能があるとも言われているので、家の中ですら本音で話ができなくなっています。

楊　『西日本新聞』の坂本信博記者が、新疆のカシュガル市内に潜入して、物凄いルポを書いていますが、スマートフォンを持たない子供や高齢者の首に、QRコード付きのカードがぶらさがっていたそうです。

于田　中国では、二〇一七年時点で、監視カメラが一億七〇〇〇万台設置されていて、さらに四億台が増設されると見られています。カメラには、AIが搭載されて顔認証機能を備えています。

なかでも「新疆ウイグル自治区」は「先端技術の実験場」とされています。『ウォール・ストリート・ジャーナル』によると、二〇一七年第1四半期だけで一〇億ドルが投資され、カシュガル市では、五一〇〇万ドルの監視システムが導入されました。顔と歩き方から個人を特定して、データベースから年齢、性別、身長、民族を特定して親族や知人を割り出すことまでできるそうです。

楊　街中のあちこちに監視カメラを置いて、通りかかったウイグル人の表情を見て、「こいつは怒ってる」「こいつは不満を持ってる」と捕まえている。そのための「小さなネズミ」という極秘のソフトウェアもあるらしい。もはやニコニコしながら歩いていないと逮捕されてしまう状況です。

于田　中国のウイグル人は、二〇一七年から、スマートフォンにスパイウェア・アプリをインストールすることを強制されています。「百姓安全」と呼ばれるアプリで、「テロリストや違法な宗教に関する映像やファイルを所持していないかを確認する」ためのものとされています。このアプリによって、ウィーチャット（微信、メッセージアプリ）やウェイボー（微博、中国版ツイッター）のログ、ＳＩＭカード情報、Ｗｉ－Ｆｉのログイン情報がサーバーに送信されます。このアプリのインストールを拒否したり、削除すると、一〇日間拘束されることもあるそうです。

　つまり、すべてのウイグル人が「二四時間監視」の下にあるわけで、ウィーチャットなどを使って、海外の親戚と連絡をとることもできなくなりました。海外にいるウイグル人は、国内の親戚から「連絡しないでほしい」と言われています。

名前だけで機械的に排除

于田　ウイグル人が移動するときには、「身分証明書」と「移動許可証」が必要です。何の目的でどこへ行くのかを記したものです。「新疆ウイグル自治区」内の移動でもそうです。

ウイグルのすべての自動車には、中国版全地球測位システム（ＧＰＳ）「北斗」の端末設置が義務付けられているようです。設置していないと、ガソリンスタンドでの給油を拒否され、中古車として売ることもできないと言われています。

楊　文化大革命の時代も、中国はどこでも移動は許可制でした。それを新疆で復活させているわけですね。

少数民族は、北京で宿泊先を探すのに苦労します。ウイグル人は昔からそうですが、チベット人もなかなか泊まれなくなり、今はモンゴル人も同じです。

于田　ホテル側としては、単に面倒くさいということもあるのでしょう。ウイグル人が泊まったら、当局に報告しなければならないからです。私も日本に留学中、中国に戻るときは、「私はウイグル人ですが、泊まれますか」とホテルに電話しました。「ウイグル人」と言って分からない時は「新疆人です」と言います。すると、「泊められません」と断られます。安いホテルではまず断られ、むしろ高いホテルの方が泊めてもらえる可能性があるようです。

私の先生も、有名な学者なのに、北京では泊めてもらえるホテルがほとんどありません。ですから、北京では、日本の「県人会館」のような「新疆ウイグル会館」に泊まります。

楊 そういう施設は、割と泊めてくれますが、必ず空いているとは限りませんね。ところで、モンゴル人はチベット仏教徒なので、チベット語の名前を持っている人が多いのですが、二〇〇八年のラサ事件（チベット独立を求めるデモをきっかけに発生した騒乱）以降は、モンゴル人が北京のホテルにチェックインしようとすると「お前はチベット人だろう」と言われてしまうんです。

「違う！　モンゴル人だと身分証明書に書いてあるじゃないですか！」「いや、名前がチベット語だ！」「チベット仏教徒なのでチベット語の名前もあるんです」と押し問答を繰り返しても、最後は「この名前の人はとにかくダメ！」と退去させられます。

「ドルジェ」という名前で、内モンゴル大学副学長でもある清朝史の一流の学者が知人にいるのですが、彼が北京の有名な学会に呼ばれた際、参加者が泊まる一流ホテルで、彼だけが「お前は『ドルジェ』だから泊められない」と言われました。机を叩いて激怒しても、ダメでした。

ただ彼の場合は、逆にそれで目覚めて、以来、モンゴルの立場から、モンゴル語の問題なども、積極的に主張するようになりました。

私の親戚の一〇代の少女の場合は、取り返しのつかない、もっと悲惨なケースです。彼女は白血病を患っていて、元はモンゴルの名前だったのが、「チベット仏教に改宗したら病気は治るよ。名前も変えなさい」とチベット僧に言われて、チベット語の名前にして、チベット仏教の信者になりました。

そして北京の病院に入院していたのですが、ある日、警察が来て、「お前はチベット人だ。出て行け」と言われたんです。「私はモンゴル人でチベット人じゃない」といくら抗弁しても聞いてもらえず、病院から追い出されて、まもなく亡くなってしまいました。二〇〇八年の北京五輪の時のことです。そんなふうに、本当に名前だけで機械的に排除していています。

于田　昔から持っていた名前だったとしても、法律的な根拠もなく、いきなりダメだと言われるわけです。

「憲法通り」にやると「違憲状態」に

楊　法律には、いいことばかりが書いてあります。中華人民共和国憲法の第四条には、「いずれの民族も、自己の言語・文字を使用し、発展させる自由を有し、自己の風俗習慣を保持し、又は改革する自由を有する」とあります。しかし、その通りにやっていない。

　二〇二一年一月、全国人民代表大会常務委員会の法制工作委員会幹部が、「ウイグル人だろうと何民族だろうと、それぞれの地域でそれぞれの言葉で教育を受けるというのは違憲状態でした」と公の場で発言していて、「だったら、中華人民共和国建国以来、七十数年間も違憲状態だったのか！」と、あまりの支離滅裂さに唖然としました。

「憲法」の通りやるのが「違憲状態」だというのは、「いくら何でも理屈にならない」と中国人も思うはずですが、今の習近平体制に異を唱えることは誰もできない。文革の時代に「憲法」よりも『毛主席語録』が優先されたのと同じです。

「辺境」で乱暴になる漢民族

楊　一九四九年以前にウイグルにいた漢民族は、商売人が多く、自発的に来た人たちです。彼らは少数ながら現地で生き残るために、それなりにウイグル人と仲良くしていたわけです。ところが、中華人民共和国成立後に新疆に来た漢民族は、国民政府軍の帰順兵を中心とする「生産建設兵団」の兵員と関係者がほとんどです。彼らが来たことで、漢民族の人口比率も一気に高まりました。

しかも最初に生産建設兵団を率いた王震からして、とてつもない乱暴者です。

中国共産党が延安にいた頃、ケシを栽培していたのは、まさに王震の部隊で、彼の部隊は、もともと軍規が非常に乱れている。延安でのケシ栽培は、共産党が延安にたどり着いた翌年に早くも始まっています。敵対する中華民国側の人間にアヘン吸引が広まれば戦力が落ちるし、莫大な金銀も入るので「一石二鳥」です。ケシ取引による収入は、共産党根拠地の全収入の四割にも達したことが、共産党の公式記録に残っています。
王震は、一九五〇年代に新疆に入ってから、各地で虐殺を行なっています。以後、そのやり方が定着していくんです。
少数民族との問題をできるだけ穏便に解決しようという従来の中国王朝のような発想は、そもそも彼らにはありません。私は内モンゴルと北京で暮らした経験がありますが、新疆に行って、非常にギスギスした雰囲気に驚きました。漢民族の人たちが匪《ひ》賊《ぞく》みたいに振舞っているんです。漢民族にも、優雅な人はいますが、新疆に行くと、目つきが悪いというか、言葉も乱暴で粗野な漢民族が多いと感じます。

于田　二〇〇九年のウルムチ虐殺の時も、上半身裸で棍棒を持ってウイグル人に襲いかかる漢民族の写真が出回っていました。立ち上がったウイグル人に対して、数千人の漢民族が襲撃事件を起こしたんです。

楊　漢民族の人たちは、エリートかどうかに関係なく、彼らの言う「辺境」に来たら、必ず政府側に立ちます。漢民族社会にもヒエラルキーはありますが、ウイグル人やモンゴル人に対しては、一致団結して牙をむくんです。そこが民族問題の解決を余計に難しくしている。「政府vs.ウイグル人」ではなく「漢民族vs.ウイグル人」という構図になってしまっています。

于田　国家の政策として「漢民族がウイグル人、モンゴル人、チベット人を支援する」という建前で入ってくるので、自分たちの行為を反省することがありません。

楊　生産建設兵団を中心とする漢民族の既得権益は、絶対手放したくない。政府としても、彼らを使ってウイグルを抑えたいので、彼らを優遇して、わがままを助長するしかないんです。

「ウイグル人」は存在してはいけない

于田　「中華民族」として統合しようとしている中国当局の根底にあるのは、「ウイグル人」あるいは「モンゴル人」はそもそも存在してはいけないものだ、という思想です。

楊　二〇二一年に、フランスのナント市の歴史博物館が、中国と共催で、チンギス・ハーン関連の展示を開催する予定でした。「チンギス・ハーンとモンゴル帝国展」

という名称で、当然、チンギス・ハーンをモンゴルのリーダーとして展示しようとしたら、突然、中国側から横槍が入り、「中国ルーツだという展示にしろ」と言うんです。さらに「チンギス・ハーン」「モンゴル帝国」「モンゴル文字」などの文言も削除しろ、と。無茶な要求でしたが、博物館側は、展示の実現のために譲歩して、展示会の名称を変更して開催しようとしたのですが、展示図録には「モンゴル」を出さないわけにはいきません。それで博物館側も「これではモンゴルの歴史や文化が抹消されてしまう。そんな話は呑めない」と怒って、結局、展示をやめてしまいました。

中国共産党に騙された東トルキスタン共和国

于田　ウイグルでは、一九四四年に、イリ、タルバガタイ、アルタイという北部新疆の三地区で独立運動が起こり（「三区革命」）、一九四九年まで「東トルキスタン共和国」が成立していました。

楊　「三区革命」は、そもそもウイグル人とカザフ人とモンゴル人が一緒になって、新疆を独立させようとした運動ですね。

まず独立を目指すけれども、それがダメなら二番目の選択肢としてソ連邦に入る。そして三番目の選択肢が、モンゴル人民共和国と一緒になるということでした。要するに、中国の国民政府とも、中国共産党とも一緒になるつもりは、まったくなかったわけです。

北部新疆は、モンゴル人民共和国と一緒になろうとして、カザフ人のリーダーであるオスマン・バートルが、モンゴル人民共和国のチョイバルサン首相と会談を重ねていました。内モンゴルだけでなく、北部新疆も含めて、「大きなモンゴリア」をつくる構想です。そして、その内部に、ウイグル人とカザフ人の自治区をつくる。つまり、北部新疆をモンゴル人民共和国内の「ウイグル・カザフ自治州」にしようという考えでした。

この動きに対して、スターリンも初めは態度を曖昧にしていました。しかし、最後にはストップをかけたので、ソ連の支援を得ていたチョイバルサン首相も手を引かざるを得ず、その結果、独立も、モンゴル人民共和国との合併も、ソ連への編入も不可能になり、しかたなく中国共産党を選んだわけです。当時は少数民族を味方につけるために、中国共産党の方が、国民政府よりも、少数民族に配慮した政策を標榜《ひょうぼう》していたからです。しかし結局、中国共産党が唱えていた口先だけの「民族尊重」に騙されることになります。

東トルキスタンは、現在「新疆ウイグル自治区」として中国の一部にされていますが、歴史的に見て、この地域は「中国」ではなく「中央ユーラシアの一角」です。

東トルキスタンが中国の王朝に支配されたのは清朝からですが、清の崩壊、中華民国による支配を経て、東トルキスタンの人々の「自分たちの国を取り戻そう」という強い意識によって独立を宣言しました。東トルキスタン共和国は短期間で終焉を迎えましたが、中国の植民地支配下にあるウイグル人にとっては、今でも民族の忘れ難い重要な建国記念日として記憶され続けています。

東トルキスタン共和国の存在を否定

于田　以前は「東トルキスタン共和国」の存在を中国共産党も認めていました。ところが今は、その歴史もすべて否定され、「東トルキスタン共和国」に関する本の編集や刊行に携わったウイグル人は、すべて逮捕されて投獄されています。ウイグル語の教科書の編集・出版に関わっていた「新疆ウイグル自治区」教育庁長サッタル・サウット、教育庁副長官で新疆新聞社社長のアリムジャン・メメットイミン、自治区社会科学院副院長のアブドゥラザク・サイムは、「教科書の文学、歴史、道徳分野には民族分離を煽る内容が含まれており、それを一二年間も現場で使ったため大勢の若者が深刻な洗脳を受けた」として逮捕され、サッタル・サウットは「国家分裂罪」で執行猶予二年付きの死刑判決を言い渡され、強制収容所に送られました。

楊　東トルキスタン共和国のリーダーたちは、「一九四九年に、毛沢東に招請されて北京へ向かう途中、「飛行機事故で死んだ」ことになっています。ところが、「事故」現場の正確な位置は今も分かっていません。中国の従来の教科書では、「事故でバイカル湖上空から墜落したけれども、彼らは中国共産党を愛した人々です」といった話にまとめられています。毛沢東とは会っていないのに、「彼らも毛沢東と親しかった」という神話です。しかし、以前は、いくら嘘や神話にまみれていても、「東トルキスタン共和国」のことが教科書に載っていたわけです。それが今では、存在自体が抹消されてしまいました。

「ある民族を抹消するには先に歴史を消せ」

楊　その他にも、中国では、冗談のような途方もない歴史の改竄《かいざん》が始まっています。一九四五年八月一一日に、ソ連とモンゴル人民共和国の連合軍が内モンゴルに入って、内モンゴルと満洲国を日本の支配から解放しましたが、この事実もなかったことにしています。「中国共産党が入ってきて解放した」という物語にしているんです。「日本軍は、ソ蒙連合軍に負けたのではなく、中国共産党に負けたんだ」というわけです。実際は、ソ蒙連合軍が満蒙を解放した数カ月後に、共産党は満洲に入っていきます。

于田　私は、子供の頃から学校で「ウイグルの歴史」を習ったことがありません。歴史と言えば「中国の歴史」です。ウイグルの歴史を教えられることは一切ない。大人から話を聞いたり、小説や『〇〇世紀の文化』といった本に、ウイグルの歴史の一部が記されているのを読んだだけで、詳しい歴史は、今も分からないんです。

楊　それが何を意味するかと言えば、ある民族の歴史をなかったことにしているということです。「東トルキスタンのウイグル人の歴史」は、存在しないことにしているんです。中国の古典には「ある民族を抹消するには先に歴史を消せ」とありますが、まさにそのやり方です。ウイグル人には「文化」はあっても「歴史」はない、と。「歴史のない民族」は、エンゲルスの定義によれば、国家を持つ資格がない。だから「漢民族による同情と援助が必要だ」と定義するんです。

于田　だからこそ、トルグン・アルマスが三冊の本で「ウイグルの歴史」を書いたのは、それだけで「革命的」でした。

楊　中国にとっては、それだけ「脅威」だったわけです。「ウイグルに歴史や文学があるの？　しかも匈奴の子孫だって？」というのは、中国からすると、許しがたいことなんです。

于田　私が学校で漢民族の先生から教わったのは、中国の王朝史です。ウイグル独自の歴史を教わった覚えはありません。ずっと昔から、中国の王朝が、ウイグルもモンゴルもチベットも、すべて管理してきたという話になっています。

楊　秦の始皇帝が新疆をどう管理したか、漢が西域をどう管理したか、唐はどう管理したか、ということばかりで、匈奴や遼や元も「異民族の王朝」とは教えない。ただ、新疆に関しては、中国当局の手が及ばない形で、「ウイグル学」というものが国際的に存在します。タクラマカン砂漠から出土したカローシュティ文字を読めば、ここの先住民が、青い目の金髪で、インド・ヨーロッパ系の言語を話す人だと分かります。実際、インド・ヨーロッパ系の諸民族はかなり後まで、少なくとも今の嘉峪関《かよくかん》（万里の長城の最西端）までは移住してきていて、その後、西へ戻ったわけです。その証拠としてカローシュティ文字が残っている。その後の新疆は、匈奴の時代、古代ウイグル（回鶻《かいこつ》）の時代、天山ウイグルの時代と変遷していくわけですが、そういう歴史を中国ではいっさい教えないんです。

ウイグルとモンゴルの縁

楊　モンゴルとの縁で言うと、ジュンガル・ハーン国が乾隆帝によって清に統合されるまで、北部新疆はジュンガル・ハーン国の領土でした。新疆南西部のカシュガルの方は、ジュンガル・ハーン国に属したり属さなかったりしますが、カシュガル王家は、チンギス・ハーンの直系の子孫です。新疆の最東部のハミ王家も、チンギス・ハーンの孫の世代から始まっています。ですから、新疆とモンゴルとの間には共通性があるんです。

「モグリスタン」という言葉があります。ペルシャ人が、あの土地（新疆）は、「イスラーム化したモンゴル人がいるのだ」という意味で「モグリスタン」と呼んだんです。ですから、ウイグル人のなかにはモンゴル系の人もいます。

例えば、カシュガルの近くに「ドローン」という町がありますが、モンゴル語で「七つ」という意味です。おそらくその土地の人たちは、自分たちの祖先はモンゴルだと考えている。

逆に、モンゴル人のなかにも、ウイグル出自の人がいます。私の出身地のオルドスには、「ウイグル・チン」という氏族集団がいます。この氏族名は、一三世紀の『元朝秘史』にも登場しますが、「チン」というのは「らしき」という意味で、「ウイグルらしき」、「ウイグル由来」という意味なんです。金髪で青い目で顔はウイグル系ですが、それが今は「モンゴル人」として暮らしています。モンゴル国西部のホブド市にも、少数のウイグル人が住んでいて、エスニック・グループとして政府に認められています。

要するに、中央アジア地域では、テュルク（トルコ）系も含めて、少数民族が融合しているのに、そういう歴史を中国では教えないんです。

東トルキスタンを取り戻す

于田　私たちは、自分たちの土地を「東トルキスタン」と呼んでいます。一九三三年から一九三四年まで「東トルキスタン・イスラーム共和国」が、一九四四年から一九四九年まで「東トルキスタン共和国」が実際に存在していて、ウイグル人は、皆、その名前を知っています。

ウイグル人のなかには、カザフスタン、キルギスタン（キルギス）、ウズベキスタンのように、「ウイグルスタン」という名前がほしいという人もいます。しかし私たちは、日本では「東トルキスタン」という名前で活動してきたので、突然、この名称を変更するつもりはありません。

日本も、「日本国」というだけで、「民主主義」を名乗っていませんが、実際には、民主主義国です。名前よりまずは実質が大事です。何より重要なのは、東トルキスタンを取り戻すことだと、私たちウイグル人は考えています。

第2章　ウイグル強制収容所の実態と日本への期待

于田ケリム＋ハリマト・ローズ＋楊海英

「新疆ウイグル自治区」党書記、陳全国

楊　今回は、日本ウイグル協会副会長のハリマト・ローズさんにも加わっていただいて、三人でウイグルの現状について議論したいと思います。

まず簡単に自己紹介と、日本に来られた経緯をお話しいただけますか。

ローズ　私は、一九七三年に「新疆ウイグル自治区」のチョチェク市で生まれました。チョチェク市は、イリ・カザフ自治州タルバガタイ地区にあります。一九九一年から一九九七年まで南京の河海大学に在籍し、卒業後は、チョチェク市水利局に勤めました。そして二〇〇五年に来日し、東京電機大学大学院に入学しました。二〇〇九年に大学院を修了した後は、まず日本の企業に勤め、その後、二〇一五年に会社を立ち上げ、現在、解体工事会社と飲食店を経営しています。日本ウイグル協会には二〇一九年に入会し、二〇二一年六月に副会長になっています。

楊　まず、一九五〇年代に、乱暴者の王震が率いる生産建設兵団が入ってきて以来、新疆でのウイグル人弾圧はずっと続いてきたわけですが、それにもまして、二〇一六

～一七年頃から急に弾圧が苛烈を極めるようになったのは、なぜでしょうか。

于田　大きな転機は、チベット自治区の中国共産党書記だった陳全国が「新疆ウイグル自治区」の党書記になったことです。彼は、チベット人弾圧に「成果」を上げたことで知られています。

陳全国は、二〇一六年に新疆に来ると、すぐに九万人以上の治安関係者を募集し、二〇一七年には、警察官の数が二〇一五年の六倍にも増えました。「対テロリズム」「対過激思想」の名目で、自治区全域に五〇〇メートル間隔で交番を設置し、各交番には、八名から三〇名の武装警察官が配備されています。

また「新疆ウイグル自治区」は、習近平の「一帯一路」の要衝ですから、ここに完全な監視社会をつくり上げることも狙いの一つだと思います。

楊　二〇一六～一七年頃までに、ウイグル人の武装抵抗など、何か中国に弾圧の口実を与えるような行動はあったのでしょうか。

昆明バス爆破事件（二〇〇八年七月）、ウイグル人女性と息子夫妻の車が北京の天安門広場に突っ込んだ事件（二〇一三年一〇月）、昆明駅テロ事件（二〇一四年三月）

といった事件が報じられ、そのたびに「独立派ウイグル人の犯行だ」と中国当局は断定していますが、「実は中国当局の自作自演だ」とか「ウイグル人を唆《そそのか》してわざとやらせた」とか、さまざまな噂も流れています。

于田　「過激なウイグル人の犯行だ」と言われても、疑問点が多く、そもそも情報がほとんど出てこないので判断のしようがありません。日本ならば、こういう事件が発生したらメディアが報道することで、実際に何が起きたか、一〇〇％とは言えなくとも九〇％以上は明らかにされます。ところが中国では、すべての報道を政府が管理していて政府発表しかないので、真偽の判断ができないのです。仮にウイグル人が事件を起こしたとしても、その人がどんな考えから行動したのかは、私たちには不明のままです。

酷くなる一方の弾圧

楊　新疆ウイグル自治区は、東西南北に広がっていますが、弾圧が最も酷いのは、どの地域でしょうか。

于田　まず南の方です。

ローズ　ホータン、カシュガル、アクス、アルトゥシュなどの地域ですね。

于田　ウイグル人の七〇％がこの地域に住んでいるからです。以前から南の方が締めつけが厳しかったのは、漢民族の人口が少なかったからだと思います。

一方、首府のウルムチは、人口約三〇〇万人のうち、ウイグル人は一〇〇万人以下で、七〇～八〇％が漢民族なので、統治に心配はないのでしょう。それに対して、カシュガルなどでは、ウイグル人が多いので締めつけが厳しかったんです。

ウイグルには、男性はヒゲを生やして帽子を被り、女性はロングスカートを穿《は》くという生活習慣がありました。しかし南部では、一九九〇～二〇〇〇年代頃から、女性の長いスカート、男性のヒゲ、モスクでの礼拝を禁止する規制がつくられました。今では新疆全体に広がっていると思います。

私がまだウルムチにいた二〇〇〇年頃、周囲でウイグル人が増えたことがありました。南の方で弾圧が酷くなったので、まだ締めつけが厳しくないウルムチにやって来たという話でした。しかし今では、おそらく締めつけはどこでも変わらないでしょう。

二〇一三年に一度帰国してトルファンに行って、公務員や学校の先生をしている知人と話したら、「いまは新疆の南とほぼ同じで、もう何もできない」という話でした。

楊　トルファンは、新疆のなかでは中国に近いので、比較的イスラーム色の弱い地域ですが、そういう地域でも弾圧が酷くなっているわけですね。

私は一九九三年に新疆に行き、二〇一三年に再訪したのですが、この二〇年で状況は酷くなっていました。

ローズ　私が二〇一三年にアクスへ行った時も、バスに乗って一五分ぐらい経つと、スカーフを頭にかぶっていた女性が急にそれを鞄の中にしまい、スカートの裾を上げて短くしていました。その後、バスを降りてタクシーに乗ったのですが、見ていると、二台前の車の女性が警察か警備員のチェックを受けて、夫の目の前でスカートをハサミで短く切られていました。

楊　同じ二〇一三年のことですが、高速道路の数十キロごとに人民解放軍のチェックポイントがあって、漢民族と外国人は、身分証を見せるだけで済むのに、ウイグル人は、長蛇の列をつくって、身分証明書を特製の機械に読ませて調べられていました。

ローズ　二〇一三年に新疆に戻った時は六人で車に乗って各地を回ったのですが、私以外の五人は中国人で、ただそのなかに一人、顔がウイグル人に似ている人がいました。すると、どこに行っても、その人と私だけ、「車から降りて身分証を見せなさい」と言われるんです。そのウイグル人に似ている中国人は、「あなたは漢族でしたか」とすぐ解放されますが、私だけは時間をかけて調べられます。

ホテルでは、夜一一時頃に、私の部屋だけ警察がチェックに来るんです。同室の運転手が二日目に、「あなたがいると迷惑です」と言うので、「ここは誰の場所ですか？ウイグル人の場所なのにウイグル人だけが検査されるのはおかしいと、なぜ警察に言ってくれないんですか？」と言い返したのですが。

于田　長いスカートやヒゲの禁止は、だいぶ以前から始まっていました。私もウイグルの南の方へ行ったとき、周りの人から聞きました。

ローズ　スカートだけでなく、シャツも裾が長いと切られます。中国人女性の服も結構長いのに、それは切らないで、ウイグル人女性の裾は切ってしまう。ウイグル人女性の髪も、以前は長い人が多かったのですが、今は短い髪にしています。そうしないといけない時代になってしまいました。

楊　漢民族にはファッションの自由があるのに、ウイグル人にはそれがない。漢民族でヒゲを伸ばしている人もいるのに、ウイグル人が伸ばすと、「過激なイスラーム思想に傾倒している」と見られてしまう。

我々学者からすると、ウイグルの方々は、ムスリムであっても、オープンなムスリムで、もともと原理主義的ではありません。中東諸国やアフガニスタンとは違って、それほど厳格ではなく、女性は髪の毛を隠さないし、すぐ踊るし、とても明るいムスリムです。それなのに、「長いスカート」や「ヒゲ」を「イスラームの過激思想」と結びつけるのは、あまりにおかしい。

テロを誘っている？

ローズ　夫の前で妻のスカートを切るのは、それ自体が、その場で徹底的に抗議すべき大いなる侮辱です。

楊　でも抗議すると「こいつはテロリストだ」と射殺される。

ローズ　すると、わざと挑発しているのではないか、と考えたくなります。

楊　実際に衝撃的な映像を見たことがあります。ウルムチの国際バザールの前で、ウイグル人が普通に抗議活動をしていたら、軍が集まって来て「こいつはテロリストだ」とポンと射殺する映像がありました。

ローズ　中国当局が、わざわざそういう場面をつくって、ウイグル人たちの怒りを焚きつけているとしか考えられない。

楊　これはもう「民族抹消」としか言いようがありません。

民族が違っていても、自然に融合していくことはあります。清朝において、満洲人が支配者だったのに、その支配者の方が、気がつけば自分たちの母語を忘れて、被支配者の漢民族の中国語を話すようになったのも、一種の融合です。

しかし、いまウイグルで行なわれていることはまったく異なります。言葉も、文化も、人間も、すべて意図的に抹消しようとしている。まさに「ジェノサイド」です。

ウイグルでの不妊措置などの産児制限も、まずはウイグル人と漢民族の人口を逆転させるのが目的ですが、「出産制限はイスラームの教えに反する」という考え方もあるので、その教えに違反させる狙いもあります。

イスラームの教えと中国の政策がぶつかったら、共産党員のイスラーム教徒はどちらに従うのかという問題になります。

私もウイグル人や回族の共産党員に、「イスラームと共産党のどちらが大事ですか」と意地悪な質問をしたことがありますが、一九九〇年代は割に自由で、「両方大事だ」という答えが返ってきました。二〇〇三年から二〇〇四年にかけて青海省などを調査したときも、「信仰を第一に、共産党と国の仕事に励んでいる」と答える人たちがいました。共産党は生きている間のことしか解決できないが、信仰は死後のことまで含めて完全に解決できる、という考え方です。

しかしおそらく今は、「両面人」も弾圧の対象になったように、「両方大事だ」と答えたら、当局に追及されるでしょう。

「収容所」のような学校

ローズ　先日、日本に来たウイグルの高校の先生によると、その高校には、約三〇〇〇人のウイグル人や中国人の生徒がいて、監視カメラが二二五台も設置されており、女性トイレ以外はすべてカメラで監視しているという話でした。ウイグル語の授業もなくなった国語の先生は、警備室に三六台ある監視カメラのモニターを、分担して一人六台ずつ見ているというんです。

楊　だから、漢民族の教師がウイグル人の学生を殴っているような動画が数多く出回っているんですね。

ローズ　中国内地から来た漢民族の先生は、きちんとした教育を受けてなくて、教師としての経験も浅く、彼らがウイグル人の学生にすぐに手を出して、体罰が絶えないとのことでした。そのウイグル人の先生の娘も叩かれて手が腫れあがったので、激怒して校長と喧嘩したそうです。子供たちにとっては、学校に行くのも怖いという時代になってしまいました。

一〇〇万人以上が収監

楊　現在の弾圧の苛烈さを象徴するのが、強制収容所です。ウイグルでは、少なくとも一〇〇〇カ所の「強制収容所」が設置され、少なくとも一〇〇万人（アメリカ国防総省高官によれば、約三〇〇万人）のウイグル人が収容されているとされ、欧米各国もとくに問題視しています。こうした強制収容所は、いつ頃からつくられるようになったのでしょうか。

于田　二〇一六年末頃からです。まず「南新疆」の方から設置されたようです。

楊　南新疆のタリム盆地には、一九五〇年代から強制労働収容所がありました。「ウイグルの三冊の本事件」のトルグン・アルマスさんも収容されたところです。そういう施設が再利用されているという情報もあります。

ウイグルの強制収容所に関する情報などは、于田さんたちには、どういうルートで入ってくるのですか。

于田　私たちだけが入手する秘密情報というよりも、アメリカやヨーロッパのウイグル団体や、トルコ系の人たちのネットワークから情報を得て共有しています。

現在、欧米で発言している強制収容所からのウイグル人の生還者は、外国と関係のある人です。配偶者が外国人だったり、外国のパスポートを持っていることで、中国から出て欧米へ行くことができた人たちの口から、強制収容所の内情が語られています。早い時期に収容され、その後、外国へ行くことができた人がトルコなどにもいて、彼らも「収容所はこういう実態だった」と証言しています。

楊　収容所から出てきた生還者で、お話を聞かれた方はいますか。

ローズ　例えば、ＴＢＳ「報道特集」（二〇二一年六月五日放映）に出て強制収容所について証言したウイグル人たちです。今、九人ぐらいと連絡を取っています。

とくにオムル・ベカリさんの証言は、凄まじいものでした。部屋には二十数人が収容されていて、そのうち八人は、約一〇〇日間も足を鎖でベッドに繋《つな》がれたままだったそうです。人間ではなく動物扱いです。彼は、手と足を拘束するチェーンを再現したものを持ってきて見せてくれました。

私の家に二日間泊まった彼が深夜に起きているので、「なんで寝ないの？」と聞くと、「ウイグルの皆が苦しい思いをしているのに、私だけどうして寝られるの？」と。

楊　トラウマになっているんですね。

ローズ　ある女性に「収容所では何が怖かったか？」と尋ねると、「頭に黒い袋を被せられることだ」と。黒い袋を被せられて、ドアを出て、左へ行くと拷問され、右へ行くとレイプされるんだそうです。

彼女は、部屋に入れられていた五十数人の女性の名前や生年月日を覚えていて、それを記録しています。いつかその人たちのことを調べるためです。彼女はグリバハール・ジェリロバさんといって、現在、フランスにいます。

そういう話を聞くと、「自分の民族の女性たちも守れない私たちは、一体何をしているのか?」という気持ちになります。私たちの活動は、全然足りていないんです。

于田　私の一番上の兄と二番目の兄の奥さんも収容された後、釈放されましたが、何も聞くことができないままでいます。今は話をするのも危険だからです。

私は日本で、ペンネームを使わずに本名で活動していますが、このことで、ウイグルにいる家族に悪い影響がないかと心配することはもちろんあります。それで、一年半前に、私の方から連絡を断ってしまったんです。私の活動は両親や家族とはいっさい関係ない状況にして、皆を守りたいと考えています。

一度、知人を通じて、「両親に連絡してほしい」という話がありましたが、おそらく当局から圧力があったからで、私が連絡をしないとさらに迷惑がかかると思い、両親に連絡したことがあります。まずは生活とか、子供のことを話しましたが、急に、「あなたのやっていることはすべて分かりました。当局も把握しています。何をやったか、どこにいたか、全部把握しています。だからやめてほしい」と言われました。八〇歳を超えた両親から「私は大丈夫だけど、兄弟や他の家族のことを考えてください」と言われたんです。

エリートがターゲットに

于田　強制収容所について言えば、とくにウイグル人社会に何らかの影響力をもつエリートたちがターゲットになりました。教育、医療、イスラーム学、スポーツ、音楽、そして経済界といった各分野の第一人者で、高い地位を占めているエリートたちが、次々に拘束され、強制収容所に送られたんです。中国当局は、強制収容所について「学校」「職業訓練施設」などと言っていますが、彼らは「職業訓練」など必要のない人物ばかりです。

経済界では、有名な慈善事業家で不動産開発業者のヌルタイ・アジさんが、二〇年の刑で刑務所に送られたと伝わっています。

その他、一〇〇万元（約一七〇〇万円）以上の預金がある富裕層が二〇人近く逮捕され、よく分からない罪名で投獄されました。カシュガルでは、経営者四人が「宗教的過激主義」だとして投獄されました。イスラームの聖地メッカへ巡礼に行ったことが「宗教的過激派の兆《きざ》しだ」とされたようです。

大学の先生も数多く逮捕され、収容所に入れられましたが、大部分は今も行方不明です。裁判まで行なわれたのは、わずか数人程度で、亡くなってしまった人が何人もいます。高齢の人が多いので、体力的に弾圧に耐えられなかったのだと思います。

先述した新疆大学学長のタシポラット・ティップさんと新疆医科大学学長のハリムラット・グプルさんにも、二年間の執行猶予付き死刑判決が下りました。

ローズ　新疆大学だけで、六〇人以上もの教授が強制収容所に送られました。日本留学の経験のある十数人も含まれています。日本で博士号を取得したような人が「テロリスト」とみなされるのは、日本の名誉にも関わるのではないでしょうか。

于田　宗教界では、二〇一七年一二月、『コーラン』のウイグル語訳者ムハンマド・サリヒさんが連行され、四〇日後に強制収容所で亡くなりました。

イマム（導師）のアブリミット・ダモッラさんは、二〇一七年、突然、連行され、収容所に収監されてから二カ月後に亡くなりました。死因は知らされず、葬儀は、当局の厳重な監視の下、家族だけで行なわれました。

イスラーム学者のアブドレシット・ハジムさんは、強制収容所に監禁されて九カ月後の二〇一八年六月に亡くなりました。遺体の頭部は白い布で覆われ、家族も見ることを許されず、死因不明のまま、警察の監視下で埋葬されました。

芸能人もターゲットになっています。彼らは、政治にはほとんど関係がなかったはずですが、例えば歌のなかに、ウイグルの伝統や故郷の文化といった歌詞があったのが問題視されたのでしょう。

民謡歌手のアブドゥレヒム・ヘイットさんは、二〇一七年、公安警察に連行され、その後、収容所で死亡したという情報が流れました。これに対して中国国営メディアは、「ヘイットさんは生存している」と主張する映像を流しています。

「ウイグルのジャスティン・ビーバー」と評されるポップス歌手のアブラジャン・アユップさんも、二〇一八年、上海でコンサートを開いた二日後にウルムチで拘束されました。マレーシアを訪問したことや、民族や故郷への愛を歌っていたことが原因だと言われています。

スポーツ選手も例外ではありません。

とくにサッカー選手エリパン・ヘズムジャンさんの失踪は、ウイグル人たちにショックを与えました。中国スーパーリーグの江蘇省のチームでプレーしていましたが、二〇一八年二月、里帰りしてから彼の姿が見られなくなりました。四月になってから、故郷ドルビリジン県の警察署員の証言で、二月に県中心部から一〇キロ離れた強制収容所へ送られていたことが判明しました。一月からチームの主戦力としてスペインやアラブ首長国連邦への遠征に加わっていたので、「外国へ行ったこと」を理由に拘束されたようです。

女性の「略奪」

ローズ　中国の内地で働くことを拒んだウイグル人男性は、強制収容所に入れられ、強制収容所内の八割以上は男性だと見られています。一方、家庭に残された若い女性は、「漢民族と結婚しないと家族を釈放しない」といった脅しを受けて結婚を強要されています。

楊　ウイグル人女性が漢民族と無理に結婚させせられている動画がインターネットに出ています。ウイグル人女性は明らかに嫌がって泣いているのに、中国式の赤い服を着せられて、中国式の結婚式をやっている。中国の内地で結婚できない男がウイグルへ来て、ウイグル人女性と結婚している。まさに「女性の略奪」です。

于田　それを中国当局が「政策」として行なっていることは、証言だけでなく政府側の内部文書でも裏付けられています。ウイグル人女性は、強制的に漢民族と結婚させられるか、中国内地へ移動させられて強制労働をさせられる。中国内地へ移動させせられるとウイグル人男性とは結婚できないので、これもウイグル人の人口を減らす一つの方法です。

楊　被支配者の女性を奪うのが「植民地支配」で、その典型ですね。

「ウイグル人の小さな女の子が十数万元で売られている」という動画を私はSNSでシェアしたことがありますが、中国人から攻撃されました。大学にも抗議の電話がかかってきましたが、私は動じませんでした。その同じ子が売られた時の動画も一年前に見ていて、顔を覚えていたからです。中国人のネット軍団から「楊海英はウソをついている。動画を削除しろ！」と脅迫されましたが、未だに削除していません。そういう圧力は非常に組織的にかけてきます。

于田　強制収容所に入れられると、「漢人化のための洗脳」が終わるまで出られません。収容所のなかでも点数が付けられて、満点にならないと釈放されないのでしょう。私の兄も一回目の拘束では完全に洗脳できなかったという判断で二回目の拘束があって、一年四カ月間、収容され、その間、安否の確認もできませんでした。

ローズ　強制収容所から出てきた人の証言を聞くと、収容期間は短くても八カ月間で、多くは二年ぐらいのようです。

于田　三年、四年も収容された人もいます。

ローズ　収容所に入って、そのまま帰らずに亡くなった人もたくさんいます。

いま日本にいて、日本国籍を取ったあるウイグル人女性の場合は、二〇一七年八月に弟が収容されて、二〇一八年五月にその弟が遺体で返されました。まだ三〇代の男性です。彼女は「弟のために何もできなかった」と嘆いています。

その男性は、私と同じウイグルの北の方の出身で、中国語もペラペラです。そんな人がどうして強制収容所に入れられてしまうのか。

臓器摘出も?

楊　欧米のメディアでは「臓器狩り」、つまり強制収容所での臓器収奪の疑いが報じられています。二〇二一年六月一四日には、国連の複数の人権専門家が、中国で拘束された少数民族らが移植用臓器の摘出対象になっている可能性を示す「信頼できる情報」があると発表し、強制的な臓器検査と移植用データベースへの登録が行なわれており、「非常に警戒している」と表明していますが、実態はどうなのでしょうか。

于田　強制収容所に関する証言は数多くありますが、収容者が「臓器狩り」の犠牲者になったという説を立証するのは難しいです。犠牲者が亡くなってしまうので、証拠が残らないからです。しかし、「臓器狩り」も行なわれているのではないかと疑われています。

ローズ　傍証の一つとして、中国では、移植手術用の臓器が不自然なほど迅速に見つかる、ということが挙げられています。移植大国のアメリカでも、平均で心臓は八カ月、肝臓は二年二カ月、腎臓は三年一カ月の待機時間が必要なのに、中国では一週間から四週間で適合する臓器が見つかるというんです。それだけ臓器ストックが大量にある。二〇一五年に中国は「死刑囚からの臓器摘出を中止した」と発表しましたが、少なくともそれまでは臓器摘出をやっていたということです。一方、二〇一七年のドナー登録者は、わずか五五〇〇人なので、年間六万～一〇万件も実施されている移植手術の臓器が、どこからやってきているのか不可解です。

于田　収容所では小さい部屋に数十人も詰め込まれていますから、今、新型コロナウイルス感染症の蔓延でどうなっているかが心配です。コロナだけでなく、病気になっても治療を受けることができない。亡くなる人が多いからなのか、強制収容所の近くに火葬場がつくられていて、漢民族を対象に、火葬場の職員を一般の給料の数倍で募集しています。

楊　ムスリムは本来、土葬だから、火葬してはいけないのに、強制的に火葬させられている。「ウイグル人として、ムスリムとして死ぬこと」も許されていない、ということです。

子供から「ウイグル人意識」を消し去る

ローズ　以前は、家族の写真を背景に、「この人がいなくなった」と泣きながら訴える動画が出回っていましたが、今はそうしたアカウントもすべて閉鎖されてしまったので、最近はＴｉｋＴｏｋで絵文字を使って、「拘束された」とか「収容された」ということを伝えようとしています。

楊　それが国際社会への発信手段になっているんですね。

于田　子供たちは、両親が収容されると、親戚がいても預かることは禁止されて、必ず「孤児院」に入れられて監視されます。言葉は中国語、食べ物も漢民族と同じものので、子供から「ウイグル人意識」を消し去ろうとしています。

親が強制収容所から出てきても、その親の元に子供が戻されたという話は聞いたことがありません。中国当局としては、「子供を施設に入れて、無料で教育を施してやっているんだ」と言うのでしょう。

楊　ところが実際には「子供の強制収容所」で、名前も、言葉も、食事も、生活習慣も「中国化」させられているわけですね。

ローズ　そういう子供たちが中国語で話す動画があります。自分のお父さんの名前も言えない。言うと危ないからです。自分の名前は「王《ワン》」とか「李《リー》」と中国名を言って、「以前のウイグルの名前は何か」と聞かれても答えない。そうした「孤児院」にウイグル人の子供たちが数十万人単位で収容されていると思われます。

なぜ弾圧を強めているのか

楊　中国当局のウイグルへの対応を見ていて、一つ不思議に思うことがあります。内モンゴルでも弾圧はずっと続いていますし、文革の時代には凄まじい虐殺がありましたが、その弾圧も徐々に巧妙なやり方、つまり、あまり表に出てこないようなやり方をとるようになっています。チベットも同じように、完全に抑え込みました。逆に言うと、抑え込んだ以上は、あからさまな弾圧をする必要はなくなるはずです。

エイドリアン・ゼンツ氏の分析によれば、「中国政府の不妊措置などの長期計画によって、二〇四〇年に一三一〇万人に達すると予測されていた新疆地区の少数民族の人口は、現在では八六〇万人から一〇五〇万人と予測されていて、二六〇万〜四五〇万人もの人口が減少する」と見られています。つまり、中国政府の立場からすれば、このまま放っておいても、ウイグル民族は自然消滅する方向に向かっているわけです。ところがウイグルでは、弾圧の度合いをむしろ強めています。なぜ突如として、「共産党寄り」と言われていたような人たちまで拘束したり、粛清したりするのか、不思議でなりません。

于田　二〇一一年、清華大学の胡鞍鋼教授らが、「第二世代の民族政策――民族の統合と繁栄の促進」を発表しています。そのなかで、「中華民族意識」を高めて、漢民族と「少数民族」の区別を薄めること、各民族の民族意識と独自性アイデンティティを抑制して、民族区域自治制度を廃止し、中国語教育を強化することで「中華民族」としてのアイデンティティ意識を強め、「中華民族の統合」を効果的に促進することを提案しています。

二〇一二年の習近平政権発足後、民族浄化政策は実際に強化されましたが、中国共産党の公式文書には「二つの一〇〇年」の目標が掲げられています。

一つ目の一〇〇年は、中国共産党成立一〇〇周年まで（二〇二一年まで）に強硬な社会主義を実現すること、二つ目の一〇〇年は、中華人民共和国成立一〇〇周年まで（二〇四九年まで）にアメリカに代わる強い大国を実現することです。

二〇一三年、習近平が「一帯一路」構想を発表しました。この構想において、東トルキスタンは、極めて重要な戦略的な位置を占めています。①東トルキスタン―中央アジア―モスクワ、②東トルキスタン―パキスタン―インド洋、③東トルキスタン―中央アジア―トルコ―ヨーロッパという三方向で、西へ拡張していく経路が東トルキスタンを通っているからです。そのため、何が何でも東トルキスタンをコントロール下に置きたいという思惑があるわけです。

東トルキスタンを好き勝手に支配するには、いかなる略奪や不当な統治を行なっても不満がいっさい起きないようにする必要があります。中国政府から見て、ウイグル人の反中志向は、わずかでも残っていてはならない。そのために、地元住民の民族意識や独自文化意識を徹底して取り除き、「中華民族」に強制的につくり変えるジェノサイドを行なっているのだと思います。

楊　ところで、雲南省にもウイグル人が数多くいますね。

一九七五年のことですが、雲南省で「沙《サ》甸《デン》村事件」がありました。人口七〇〇〇～八〇〇〇人の村ですが、元朝時代に中央アジアから移住したムスリムが地元住民と通婚して形成された中国語を母語とするムスリム集団がいて、イスラーム信仰が非常に強い村でした。この村を人民解放軍が包囲して砲撃し、二〇〇〇人ぐらいの死者を出した事件があったんです。

二〇一二年から二回ほど、私は現地調査に行きました。村中が殉教者のお墓みたいになっていて、いつ誰が死んだかを調査していたら、ウイグル人がたくさん来ていました。

ウイグル人夫婦の店で話を聞いてみると、「新疆ではあまりに宗教弾圧が過酷だから自由を求めてここに来ている。できればここからタイへ行って、さらにトルコや他のイスラーム圏の国に行きたい」と言っていました。要するに、雲南省で足止めされているわけです。

しかし私は、よりによって沙甸村に来ているのはまずいと思いました。ここは中国当局が神経を尖らせている村です。かつて自分たちが悪いことをしたと自覚しているだけに、村民の反抗を恐れていて、中国政府は、工作隊を置いて監視を続けていました。

そのウイグル人に「ここに来てはまずいでしょう」と言うと、「ウルムチよりはいい」ということでした。そんなやりとりをして雲南省から帰った後に、昆明駅のテロ事件が起きたんです。

どんな事件も「テロ事件」に

于田　ウイグルで政府への抗議が起きると、すべて「テロ事件」にされます。同じような事件が中国内地の漢民族の間で起きても、一般の「民事事件」になるんです。

例えば、学校の子供に対する暴力事件が中国内地で数多く起きていますが、「テロ事件」とは呼ばれません。しかし、ウイグルで同じことが起きると「テロ事件」です。

ウイグルで、警察や政府関係の組織に対する抗議が起きたことは事実です。ただ、銃ではなくナイフを使ったような事件ばかりです。それなのに、事件の当事者だけでなく、その家族や知人まで拘束しています。

楊　周りの人たちまで拘束することで事件を拡大して、「過激なことをやったでしょう」とするわけですね。

中国では、中国社会科学院のデータでも、年間十数万件の暴動事件が起きていますが、漢民族が少数民族に対して起こした事件は、単なる「民事事件」として扱われることが少なくありません。

例えば、二〇一一年五月一一日、内モンゴル自治区シリーンゴル市近郊で、モンゴル人遊牧民が中国人開発業者によって殺害される事件が起こりました。

シリーンゴル市近郊で石炭の露天鉱が発見されて、連日、数百台の中国人のトラックが殺到していました。トラックは、草原を走り回って、砂漠化をもたらします。家畜を轢《ひ》き殺しても、弁償しようともしない。しかも汚水が流されて、家畜も人間も飲み水に困っていました。そこで、メルゲンという遊牧民の若者が、トラック隊を阻止しようとしたのですが、中国人のトラック運転手が、「モンゴル人を殺しても金さえ払えばいい」とうそぶいて、その若者を轢き殺したんです。

　これに対して各地で抗議集会が開かれましたが、人民解放軍と武装警察によって鎮圧されました。中国政府は裁判でも、この事件を「単なる民事衝突」として扱っています。

　これに対し、ウイグルでは、ささいな揉め事でも「テロ事件」「民族問題」にされてしまう。しかも周りの人まで逮捕して、「過激な分離独立派」といったグループをでっち上げてしまうんです。

　ウイグルの人たちが最も恐れているのは、「中国への同化」です。しかしだからと言って、「分離独立」をすぐに求めているわけではないと思います。もちろん心情的には、「可能なら独立したい」という気持ちのはずですが、実際に実力行使をしてまですぐに独立を求めるというのは、また別の話です。

ウイグル弾圧に利用された九・一一事件

楊　ウイグルの人たちにとって不幸だったのは、二〇〇一年の九・一一事件が、中国当局によるウイグル人弾圧に利用されてしまい、そのために欧米諸国の支援も得られなくなってしまったことです。

アメリカの「反テロ戦争」を支持する際に、中国は「取引材料」として、東トルキスタン独立運動組織「東トルキスタン・イスラーム運動（ETIM）」を「テロ組織」として認定することを要求しました。そして、アメリカも国連もテロ組織として認定したわけです。これによって、ウイグルの情勢が一気に厳しくなりました。

同時期、「アフガニスタンやパキスタンで捕虜になったタリバンのなかにウイグル人がいる」と報じられて、「ウイグル人とイスラーム過激派とのつながり」が指摘されました。中国軍とパキスタン軍が「東トルキスタン・イスラーム運動」のリーダーを何人か捕まえて殺した時の新聞を持っていますが、「ウイグル人テロリストを射殺」と書いてあって、あまりにタイミングの良い報道でした。しかし、本当にウイグル人がタリバンに入っていたかどうか、真相は分かりません。

こんなふうに「事実」をつくってから、「海外にテロリストがいる」「国内にはそれを支える土壌がある」「その土壌を一掃しなければならない」という具合に弾圧の度合いを強めています。

于田　その「東トルキスタン・イスラーム運動」は、二〇二〇年、アメリカのマイク・ポンペオ国務長官（当時）によって「テロリスト指定」から除外されました。「東トルキスタン・イスラーム運動」の存在を理由にして、中国がウイグルでの弾圧を正当化しているのを批判したわけです。

しかし不思議なことに、この除外の後に、「自分はこの組織のテロリストだ。銃も持っている」と中国側に証言する人が出現しました。「世界ウイグル会議」の私たちは、銃も持たず、顔を出して活動していますが、この人は顔も声も隠して証言したので、誰だか分かりません。

一方、パキスタンやアフガニスタンで、「中国の情報関係者」が逮捕されたと報じられました。トルコでも、「自分は中国の情報関係者で、ウイグルの過激派の情報を追ってアフガニスタン、パキスタンに行き、最後にトルコに来た」とメディアに「告白」しています。この人物は暗殺されかけて、入院したことになっています。

楊　中国側は「新疆と、新疆を取り巻くアフガニスタン、パキスタン、そして同じテュルク系のトルコにまで広がる大規模なテロ組織、分離独立派の組織がある」というストーリーをでっち上げたいわけです。これがウイグル人弾圧を正当化する理由になるからです。米軍が撤退して急速に不安定化したアフガニスタン情勢も、ウイグル人弾圧の「新たな口実」にされかねません。

中央アジア諸国では「東トルキスタン」は使えない

于田　中国政府は、「中央アジア諸国、パキスタン、アフガニスタンに反中国的組織がある」と言い続けています。いずれも「独立国」なのに「中国内の自治区」のような扱いです。

　ウイグル人の最も大きな組織は、ドイツのミュンヘンに本部のある「世界ウイグル会議」です。「東トルキスタン会議」と名乗らない理由の一つは、中央アジア諸国のウイグル人の代表が、「東トルキスタンの名称を使うと自分たちの国内で安全ではない」と言うからです。そこで、皆にとって問題がないように「ウイグル」としたんです。つまり、「東トルキスタン」という名称すら使えない中央アジア諸国で「反中国的組織」が活動しているというのは、おかしな主張です。

楊　「トルキスタン」とは、元は「テュルク系の言葉を話す人々の故郷」を意味する学術用語です。パミール高原の西が「西トルキスタン」で、東が「東トルキスタン」。遊牧民などは、この東西を自由に行き来していました。ところが中国は「東トルキスタン」という言葉に過剰に反応して、これを口にするだけで「分離独立派だ」と決めつけています。

于田　中央アジアやロシアでは、「中国」を「キタイ」、「中国人」を「キタイスキー」と呼びます。彼らが「キタイ」と言うのは、中国側も問題にしないのに、ウイグル人が「漢民族」を「キタイ」と呼ぶと、これだけで「民族分離独立主義者」として犯罪者扱いされてしまいます。

ウイグル人に冷たい中央アジア諸国

楊　「東トルキスタン・イスラーム運動」などの反政府活動は、実際のところ、どうなのでしょうか。本当は存在しないのか、それとも上手に隠れて活動しているのか。

于田　組織的なテロというのはないと思います。ただ、爆弾のつくり方などはネットでも調べられます。それを見て、何人かが集まって、長期的な計画もなく刹那的に、政府に抵抗して逮捕されてもいい、死んでもいいと考えて行動する人はいると思います。

楊　カザフスタン、ウズベキスタンなど中央アジア諸国には、ウイグル人コミュニティがありますが、彼らはあまり組織化されてきませんでした。

ソ連体制下では、イスラーム抑圧政策がとられましたが、ソ連崩壊後に独立した中央アジア諸国でも、「国境を越えたイスラームの組織化」は、厳重な監視や弾圧の対象となっています。例えば、ウズベキスタンにアフガニスタンから過激派が入り、「ウズベキスタン・イスラーム運動（IMU）」を始めても、すぐに弾圧されています。タジキスタンで国連監視団の日本人スタッフが武装集団に殺されたり、キルギスで鉱物調査をしていた日本人技師がＩＭＵに誘拐されましたが、こうした勢力も、各国の治安部隊やロシアの特殊部隊によって即座に鎮圧されます。ロシアにとって、チェチェン独立派と結託する可能性のあるイスラーム過激派は、厳重な監視の対象です。中央アジア諸国にとっても、「国境を越えたイスラームの組織化」は脅威でしかありませんから、ウイグル人を支援するなどあり得ないわけです。

于田　各国に分散して「自分の国」をもたないウイグル人に対して、中央アジア諸国は、冷たい態度をとっています。

楊　庶民レベルではウイグルにシンパシーもあるのでしょうが、カザフスタン政府も、ウズベキスタン政府も、キルギス政府も、新疆のウイグル人に対して冷たいですね。

二〇二〇年、カザフスタンのウイグル人コミュニティを訪れました。一〇〇年前からここに住み着いたウイグル族も、一九六〇年代に逃げてきたウイグル族もいましたが、「新疆は大変だね。親戚もいるけど、いまは行き来ができなくなった」と言っていました。親戚であっても、どうしようもない。カザフスタン政府は、場合によっては、逃げてきたウイグル人を捕まえて中国へ送還していますから、中国政府が主張するような「国境を越えたテロリスト組織」など、存在する土壌すらありません。

于田　日本ウイグル協会でデモをする時の揃いの服を、少しでも安くしようとウズベキスタンでつくろうとしたことがあります。在日のウズベク人と話がまとまったのですが、本国の工場側が「中国が反対するものをつくることはできない」「ウズベキスタン政府に目を付けられる」と言ってきました。それで仕方なくトルコに注文したことがあります。

楊　二〇一九年にウズベキスタンを訪れた時も、ウイグル人文化協会を訪ねようとしたら、「行っちゃダメだ」と言われました。ウイグル人に会うにも、新疆と同じように極秘に会うしかありません。「政府にばれたら困る」というので、こっそりホテルに来てもらいました。

于田　当時、ウズベキスタン政府は、ウイグル人に対する弾圧を強めていましたから。

楊　中央アジア各国は、そもそもイスラームに冷たい上に、中国との対立を避けて、できれば中国から借款《しゃっかん》や投資を得たいわけです。

ただし中ソ対立があった頃は、今とはまったく違って、ソ連がカザフスタンとウズベキスタンにいるウイグル人を積極的に支援していました。

一九六二年にイリ・タルバガタイ事件がありました。新疆のソ連国境に近いイリとタルバガタイという都市のウイグル人、カザフ人などが、ソ連の資料によれば約一三万人、中国の資料によれば約七万人、ソ連に亡命したのです。当時の中国は、人民公社政策の失敗で経済と食糧事情が酷い状況でした。一説には、当時のソ連は、ゲリラ訓練までしていたと言われます。『明るい道』というウイグル人の雑誌もつくっていて、国境から「中国に対して武装蜂起しよう」と煽るラジオ放送も流していました。

しかし、ロシアからも、中国からも、中央アジア各国からも冷遇されているのが、現在のウイグル人です。

「プロレタリア国際主義」と「中華思想」

楊　マルクス・レーニン主義のプロレタリア国際主義は、「プロレタリアは国境も民族も超えて連帯できる」というものですが、「中華思想」と高い親和性があります。「人民大団結だ！　皆、中華民族になろう」というわけです。

私の推測では、中国は、できれば「少数民族の自治」をなくすつもりでいると思います。現在ある五つの自治区、内モンゴル自治区、チベット自治区、広西チワン族自治区、寧夏回族自治区、新疆ウイグル自治区は、すべて廃止してしまうのです。

彼らの理屈はこうです。

「わが国は、みんな中華民族だ。統合の過程で過渡期の政策として民族自治があったが、今はもうみんな統合されて、中華民族になった。少数民族の自治はもう必要がなくなった」

すると、新疆ウイグル自治区も、南北に分けられて「北疆省」と「南疆省」にされる可能性があります。東部のトルファンなどは、甘粛省に統合されてしまうかもしれません。要するに、小さく分割して、抵抗する力を削いでしまうのです。

于田　そうした提案は、すでになされています。

楊　内モンゴル自治区も、満洲国時代に存在した「興安省」「熱河省」などに分割されたり、陝西《せんせい》省に統合される分割案が出ています。

当初、中国共産党は、国民党への対抗上、少数民族を味方につけるために、「民族自決」を謳《うた》って「独立してもいい」という政策だったのが、中華人民共和国成立後は「高度の自治」に変わり、弾圧を続けてきました。それも、おそらく今後は「区域自治」に変わり、「自治」は有名無実化していくでしょう。


于田　最近、習近平が露骨にこう述べています。

「『中華民族共同体意識』を形づくることを民族政策の中心とせよ」「中華民族の利益が最重要」「中華文化が幹、各民族の文化は枝と葉だ」「各民族の民族意識は中華民族共同体意識に従い奉仕する」

要するに、「幹」である「中華民族」こそ大事であって、各民族のことは「枝葉」としか見ていないわけです。

弾圧は「一部の過激派」だけの責任ではない

楊　現在のウイグル人弾圧は、文化大革命期に内モンゴルで行なわれていたことと同じです。時代が違うだけで、やり方は同じなんです。私が『墓標なき草原——内モンゴルにおける文化大革命・虐殺の記録』などで書いたことについて、読者から「こんなこと、本当にあったんですか？」と驚かれますが、いずれも、本人が実名で名誉回復を政府に陳情した時の報告書に書かれていたことです。

文化大革命が終わってから、中国政府も「あれは間違いでした。一部の過激な人間がやったことです」と否定しました。しかし調査研究で当時のモンゴル人に話を聞くと、関わっていたのは「一部の過激な人間」だけではありません。文化大革命でのモンゴル人の粛清や虐殺には、共産党幹部、人民解放軍、漢民族の労働者や農民が動員されていました。

とにかく中国は、一種の「巨大な暴力装置」になっています。文革中だけでなく、今もそうです。内部に対しても、外部に対しても、「中国」という存在自体が常に「暴力」の形を取って現れています。

例えば、ウイグル人が酷い目に遭っていても、漢民族で「ちょっとやりすぎだよ」「やめるべきだ」と諌《いさ》める人がいない。文革中にモンゴル人が大量虐殺に遭っていた時も、正義感のある漢民族の人が出てきて「やめろ」と言った事例は残念ながら見当たりません。だから虐殺が一〇年も続いてしまったんです。

ローズ　ウイグル人が強制収容所に入れられていることは、新疆にいる漢民族の中国人全員が分かっています。しかし、それに反対する漢民族の話は聞いたことがありません。

例えば、新疆北部のタルバガタイは、もともと漢民族とウイグル人が共存していて、大きな揉め事もない町でした。それほど格差もなく一緒に暮らしていたのに、いまは漢民族とウイグル人が別々に暮らすようになりました。二〇一三年に訪れた際には、どこへ行っても警備のポスターが貼られ、警察車両がずっと巡回していて、異様な雰囲気でした。

楊　私が二〇一三年に新疆を訪れた時も、ウルムチで最も洗練されたマンション地区に住んでいるのは漢民族で、夕方になると、漢民族は上等な地区へ帰り、ウイグル人は、日干し煉瓦の旧市街地区へ帰っていて、完全に「住み分け」をしていました。「あの地区はウイグル人のテロリストの巣窟だ。あそこに行ったらウイグル人に襲われる。危ない地区だ」と分離を煽って、「ゲットー」をつくっているんです。

于田　考えてみると、ウイグル人学校と漢民族学校は、建物からしてまったく違っていました。二〇〇四年に南新疆の町へ行った時も、漢民族学校の建物の立派さに驚いたことがあります。

楊　漢民族の人は、エリートかどうかに関係なく、常に政府と一緒になる傾向があります。ウイグルやモンゴルに来た字も読めないような漢民族でも、知識人と同様に「ウイグル人は野蛮だ。モンゴル人は遅れている」と言います。

学校で「ウイグル人やモンゴル人は野蛮で遅れている」と教えているし、家庭でも同じような会話をしているのでしょう。漢民族の「中華思想的な教育」は、学校と家庭の双方で行なわれています。

二〇二〇年に、内モンゴルでモンゴル語教育の廃止に向けた政策が始まった時も、漢民族の人たちは、「今の時代、モンゴル語を話してどうするんだ」とか「モンゴル語は遅れた少数者の言語で、近代化に不向きだ」と平気で言うんです。

「では、あんた、明日から日本語を話しなよ。日本はあんた方より科学技術が進んでいるんだから」と言い返すと、「それは嫌だ」と。

東京でモンゴル人がデモをしても、漢民族の中国人がすれ違いざまに、「何を時代錯誤的なことをやってるんだ」と言う。

一〇〇万人以上のウイグル人が強制収容所に入れられても、「それは間違っている」と言い出す漢民族はほぼいない。海外にいる漢民族もほとんど発言していません。

ローズ　現在、欧米各国が「中国のウイグル弾圧はジェノサイドだ」と批判し始めましたが、やがてすべての歴史が明らかにされた時、「陳全国のせいだ」「中国共産党のせいだ」「習近平のせいだ」では済まされません。「ジェノサイドに反対せず、黙って見過ごした漢民族も共犯者だ」ということになると思います。

楊　これは中国全体の話ですね。共産党だけの話でもない。習近平は漢民族のなかの一人であって、これは「漢民族全体の問題」です。

于田　漢民族で、政府に反対する民主活動家でも、ウイグル人やモンゴル人やチベット人に対する政府の政策には同意する人が多いんです。

楊　日本では「中国共産党が悪い」と言われます。「悪いのは共産党で、中国人は悪くないんだ」と。しかし我々からすると、「漢民族の中華思想」そのものが問題なんです。

例えば、最近も、天安門事件（第一次、一九七六年）のリーダーの魏京生が、「ウイグル人は、皆、テロリストだ」と発言していました。彼は一四年以上も中国の刑務所に収監され、その後、アメリカに亡命しましたが、「中国の民主化運動」の象徴のような人が、アメリカという民主主義の国で、ウイグル人を「テロリスト」呼ばわりしているわけです。これが「漢民族全体の問題」だと言わざるを得ない所以《ゆえん》です。

日本の責任

楊　中国の過酷な仕打ちに対して、イスラーム諸国も黙っています。同じテュルク系民族のウズベキスタン、カザフスタンも黙っている。かつて中国のウイグル弾圧を「大量虐殺」と呼んでいたトルコのエルドアン大統領も、現在は、この問題で中国と衝突することは避けています。「イスラーム世界のリーダー」を自任するイランやサウジアラビアも、何も言わない。ウイグル人は「孤立無援」の状態にあります。

ローズ　まずは口にだけでも出して、中国を非難してほしいです。人口三〇〇万人に満たないリトアニアが、ウイグルでの弾圧を「ジェノサイド」と認定しました。しかし、人口約一億三〇〇〇万人で、世界三位の経済大国である日本の反応は、「注視しています」という程度です。

于田　ウイグル人の人口は、中国全体のわずか一％以下です。とは言っても、一〇〇〇万人以上いるわけです。人口が一〇〇〇万人に満たない国も、世界に数多くあります。ですから、人口の規模だけで問題を軽く扱っては、そうした国々を軽視するようなメッセージにもなりかねません。

ローズ　多くのウイグル人が日本で証言しています。まずはこうした証言を一つ一つきちんと調べてほしいです。私もＮＨＫなどで証言してから、ウイグルにいる兄と連絡が取れなくなっています。妹たちもどうなっているのか心配です。

楊　二〇二一年三月三〇日、公明党の山口那津男代表が、「わが国が制裁措置を発動するとすれば、（中国当局の）人権侵害を根拠を持って認定できるという基礎がなければ、いたずらに外交問題を招きかねない」と述べて、ウイグル問題を理由にした対中制裁に慎重姿勢を見せました。

公明党は、「日中友好政党」であっても、政権与党ですから、これは非常に無責任な言い方だと思います。国会議員には調査権がありますから、プロジェクトチームでもつくって、在日ウイグル人を調査すればいい。あるいは公明党として独自に調査をすればいい。その上で「人権侵害はない」と言うのなら、それはそれでいい。ところが、山口代表は、何の調査もせずに「証拠不十分」と言っています。

ローズ　まず第一歩として、欧米各国が「中国は悪い」と非難してくれました。日本がそれもしないのは、どうかと思います。

楊　これまで日本は、言わば「見て見ぬふり」をしてきました。中国の民族問題は非常に深刻で、悪化していることも分かっていたのに、さまざまな理由から、発言や関与を控えてきたわけです。

于田　日本は、イスラーム諸国と良好な関係を保っています。今のところ、強く発言してくれたのは欧米諸国ですが、もし日本がウイグルのために発言してくれれば、その声は、これまで以上にイスラーム諸国にも広まると思います。

また中国と地理的に近い日本がウイグルについて発言するのは、欧米諸国の発言以上に信頼度が高いものとなるはずです。ですから、日本が発言してくれることが非常に重要なんです。

楊　ウイグル人への弾圧は、欧米メディアが報じてから、日本でも取り上げられるようになりましたが、そもそも、こういう発言をする我々に対して、日本のメディアは、結構冷淡なところがあります。「反中の右翼に利用されるだけだ」と受け止められてしまうんです。しかし、「ジェノサイド」に右も左もありません。とくに「人権擁護」を標榜しているはずのリベラル派が、この問題を黙って見過ごすのは、おかしいと思います。

于田　日本の大手企業も同様で、ウイグル人の強制労働で作られた製品などを使い続けていたら、「ジェノサイドの共犯者」になってしまいます。「自由」と「民主主義」の国で、世界のリーダーの一員である日本の皆さんに、ウイグルの現状を知っていただきたい。そして日本政府に対しても、勇気を持って明確な行動を起こしていただきたいと心から願っています。

第3章　古い中国の新しい疆域政策

楊海英

なぜ今、ウイグル人に対してこれだけの弾圧が行なわれているのか、そもそも「ウイグル人」とはどんな民族なのか——現在起きていることを理解するには、これまでの歴史的経緯を知っておく必要があります。そこでこの章では、中国の民族問題の専門家としての私なりの視点から、新疆ウイグル自治区と中国との歴史をおさらいしてみたいと思います（本章の内容は、于田ケリム氏、日本ウイグル協会の見解ではなく、あくまで本章の著者、楊海英のものとご理解ください）。

その歴史は、一言で言えば、「古い中国の新しい疆域政策」となるでしょう。「新疆」というのは「新しい疆域（境域）」という意味で、「古い中国」としたのは、その「辺境政策」が、中国の古い伝統に則《のっと》っているからです。

長い歴史で見ると、「新疆」も「ウイグル人（族）」も比較的最近になってつくられた言葉です。これらの言葉の成り立ちを知ることが、現在の問題を理解する鍵ともなります。

さらに、ウイグル人を始めとする中央アジアの少数民族が、中国やロシア（ソ連）

といった大国のはざまで苦難の歴史を歩んできたこと、彼らは、かつて満洲国をつくった日本とも実は密接な関係にあることも、ぜひ知っていただきたいと思っています。

「モグリスタン」と呼ばれていた新疆

まずは、「新疆」が誕生するまでの歴史です。

現在「新疆」と呼ばれている地域は、もともと「ウイグルスタン」でも「トルキスタン」でもなく「モグリスタン」と呼ばれていました。ペルシャ語で「モンゴル人の土地」という意味です。ペルシャ語では、「モンゴル」の「ン」が発音されないので「モグリスタン」となります。

「モグリスタン」は、チンギス・ハーンの次男、チャガタイの子孫が支配していた地域です。宗教はイスラームで、生業は遊牧。彼らが、パミール高原（タジキスタン、アフガニスタン、中国にまたがる高原）の東側を支配し、時期によってはパミール高原の西側も支配し、ティムール帝国とも張り合ったりしたので、ペルシャ（イラン）の人から、「ムスリムと称しているけれど、あいつらはモンゴルだ。いい加減なムスリムだ」という意味で「モグリスタン」と呼ばれました。
「モグリスタン」と呼ばれていても、言語はモンゴル語ではなく、テュルク語（トルコ語）が話されていました。彼らがこの地に緩やかに溶け込んで、その後、ウイグルの一部になっていきます。

「ジュンガル・ハーン国」――最後のモンゴル人遊牧帝国

モグリスタンは強国でしたが、徐々に周囲の勢力に押されるようになり、今度は本物のモンゴル人国家が出現します。

ただ、このモンゴルは、チンギス・ハーンの直系ではなく、チンギス・ハーン家と通婚関係にあった西モンゴルです。彼らが一七世紀に「ジュンガル・ハーン国」という大帝国をつくります。この大帝国については、宮脇淳子氏が専門家で、『最後の遊牧帝国』（講談社選書メチエ）という本で詳しい歴史を書かれています。

この帝国は強い勢力を誇って、最盛期の版図は、東はモンゴル高原から、西はカザフスタンのアラル海まで広がっています。

この「ジュンガル・ハーン国」は、一七五八年、清朝の乾隆帝によって滅ぼされます。そして、満洲人がこの地に入ってきて、五〇万～六〇万人ものモンゴル人が虐殺されたと言われています。

ここから満洲人の西方進出が本格的に始まります。一七五九年には、新疆の天山山脈の南麓にも進出して、カシュガルまで平定しています。つまり、パミール高原の東側まで勢力を広げました。

清朝による「新疆」支配

パミール高原の東側は、遊牧民が暮らしていた土地でしたが、「乾隆帝が新しく統合した疆域」という意味で、「新疆」と名付けられました。

天山南麓は、オアシスが点々とあって、イスラームが強い地域です。アラビア半島から現れたイスラームは、中央ユーラシアにも広がっていきますが、その際、まずオアシスに根を下ろして、それからステップの遊牧民を改宗させました。彼らもイスラームには改宗しましたが、遊牧民には、一日五回の礼拝といった厳しい戒律は守れません。そのため、彼らは「緩やかなイスラーム」になっていきます。

新疆は、清朝の満洲人にとって、統治が非常に難しい土地でした。そこで清朝は、モンゴル人を大量に移住させます。「モンゴル人最後の遊牧帝国」を滅ぼしたのが清朝ですが、この地を管理するには、やはりモンゴル人に頼るしかなかったからです。

その他、満洲人もこの地に移住してきましたが、この段階では、中国人（漢民族）はほとんど来ていません。テュルク系のカザフ人も西から移住してきて、彼らは、天山北麓で遊牧民として暮らします。そして天山南麓の方は、テュルク系の「タランチ（農民）」と呼ばれる定住民が暮らしていました。

ちなみに「テュルク」とは、テュルク系諸言語、およびそれを使う諸民族の総称で、東シベリアからトルコ共和国にまで及ぶ乾燥地域を中心に広く分布しています。

いずれにしても、この時代にはまだ「ウイグル人」という名前はありません。

ここから清朝自体が、一〇〇年かけて徐々に変質していきます。

清朝は、もともと満洲人とモンゴル人という遊牧民が同盟を結んで「中原」（中華文化の発祥地である黄河中下流域にある平原）を征服した王朝ですが、支配が長くなるにつれて、清朝自体が徐々に中国王朝に近づいていくわけです。それにともなって、清朝と新疆との関係、清朝とモンゴル人、カザフ人、テュルク系少数民族との関係も変質していきます。

一八六二年の西北ムスリム大反乱

清朝が激変するのは、一八五〇年代、六〇年代からです。一八四〇年のアヘン戦争に次いで、一八五一年に太平天国の乱が起こります。この乱を鎮圧する過程で、漢民族の軍閥が力をつけていきます。

そして一八六二年、イスラームを信仰する「回民」の民間武装集団と中国人の集団が衝突したことが発端となり、「西北ムスリム（回民）大反乱」が起こります。

中国人が「洗回」と称する虐殺を行なったのをきっかけに、清朝のイスラーム差別に耐えかねたムスリムたちが、まず陝西省西安付近で反乱を起こし、その後、内モンゴル、甘粛、青海、新疆を含む西北部も巻き込んで、反乱は、中央アジアまで飛び火します。

当時の清朝は、太平天国の乱で疲弊して、ムスリムを抑える力を失っていました。「満洲鉄騎」と呼ばれ、かつて無類の強さを誇っていた満洲人騎馬兵も、すでに「都市の貴族」に変貌して戦力になりません。代わりに台頭してきたのが、太平天国の乱の鎮圧で活躍した曾国藩や左《さ》宗棠《そうとう》のような、湖南省出身の漢民族の軍閥です。彼らが、ムスリムの反乱を鎮圧するために、西方に進み、新疆に入っていきます。

こうなると、新疆の少数民族には、清朝の統治がずいぶん変わったように映ります。乾隆帝が新疆をつくっても、基本的に、現地のことは現地の人に任せていました。天山南麓はタランチ（テュルク系のムスリム）に、天山北麓はモンゴル人とカザフ人に任せて、漢民族はいなかったのです。それが、西北ムスリム大反乱をきっかけに、ムスリムたちが大挙して新疆に逃げてくると、その反乱軍を追いかけるように、漢人軍閥たちも入ってきました。

ムスリムの反乱軍が新疆に入ってくると、地元のムスリムもこれに加わりました。クチャやカシュガルでは、ムスリムが清朝政府軍を追放して、オアシスごとの地方政権を樹立することにも一時的に成功しています。すると漢民族の軍人たちは、反乱軍かどうかの区別なく、ムスリムであれば誰でも一様に虐殺するようになってしまったのです。

「新疆省」設置

ムスリムの反乱を鎮圧した後に、「新疆省」が設置されます。「省」という中国内部の行政組織が導入されたわけです。清朝の「内地と同じ統治政策」を採用するという意思の現れです。

当初、漢民族の軍人たちは、この地を征服するには儒教を教えるしかないと考えました。そこでイスラーム教を禁止し、現地の言葉を禁止しようとしたのです。現在の習近平政権と、やっていることはまったく同じです。

しかし儒教とイスラームは、水と油みたいに混合不可能な思想体系です。当然、うまくいきません。すると、すぐに儒教と中国語の強要をやめてしまいました。ここが今の中国共産党とは違う清朝の良いところです。

「新疆省」の設置には、もう一つ理由がありました。国際環境の変化です。

当時、ロシアによる中央アジア征服は、ほぼ完了していました。パミール高原の西側の西トルキスタンは、すでにロシア帝国の領土になっていました。これは、清朝にとって大きな脅威でした。

つまり、ムスリムの反乱という「内憂」、ロシアの圧力という「外患」に対応するために、「新疆省」は設置されたわけです。

と同時に、緊張が高まるなかで、現地で主導権を握り、発言力を増したのが、漢民族の軍人たちです。そのトップは、湖南省出身の軍閥である左宗棠です。いま中国で彼は「愛国者」だと評価されていて、新疆のカシュガルとイリに石碑が建っています。

太平天国の乱の鎮圧過程で、湖南省からは、左宗棠以外にも、曾国藩などの軍人が出てきます。毛沢東もここから生まれています。近代中国史のなかで、湖南省出身の軍人や政治家が数多く出てきたのは、太平天国の乱と無関係ではありません。

中央アジアの民族意識を覚醒させたタタール人

以上は、清朝から見た歴史的経緯ですが、現地のテュルク系の人々の間には、まだ

「ウイグル」という名前はないものの、「汎テュルク主義」が徐々に芽生えてきます。

　これに火をつけたのは、タタール人です。いくつもあったタタール人の国が次々にロシアに滅ぼされていきますが、「われわれ中央ユーラシアのテュルク系の人々は、皆、ロシアに征服されてしまったけれども、いつかそのテュルク系の人々を抑圧者のロシア帝国から解放しなければならない」とタタール人は使命感に燃えていました。

　とくにカザン・タタール人やクリミア・タタール人は、ロシアを通じて、あるいは地理的に近いヨーロッパを通じて、ヨーロッパの近代思想の洗礼を受けて、いち早く「民族意識」に覚醒していました。そして「遊牧民族」から「商業民族」に変貌した彼らが、中央アジア各地へ散らばって、行った先々で現地のテュルク系の人々に「民族意識」の火をつけていくのです。

　この「汎テュルク主義」は、裏を返せば「汎モンゴル主義」です。タタール人もチンギス・ハーンの子孫を自称しているので、双方は一体化していきます。テュルク系は大部分がムスリムで、モンゴル系は仏教徒だという違いはありますが、「祖先を辿《たど》れば、皆、チンギス・ハーンに行きつく」というわけです。

実際、一九世紀末に、タタール人が新疆にもやってきて、カシュガルやイリで、雑誌や学校をつくっています。彼らの影響を受けて、新疆のモンゴル人、カザフ人、ウイグル人は、「近代化」と「民族意識」に目覚めていくわけです。

それにともなって、彼らの清朝に対する懐疑は強まっていきます。清朝が「抑圧者」としてしか映らなくなるからです。

それは言い換えると、「清朝は、もはや満洲人の清朝ではなく、チャイナの清朝だ、キタイの清朝だ」という認識です。「キタイ」とは、トルコ語やロシア語で「中国」を指す言葉ですが、新疆のモンゴル人、カザフ人が清朝を「満洲」ではなく、突き放すように「キタイ」と呼ぶようになっていき、場合によってはロシアより酷い抑圧者だという認識が広がっていきました。

「ウイグル族」という名称

その後、一九一二年の清朝の崩壊（辛亥革命）と、一九一七年のロシア革命が、歴史の大きな転換点となります。

前に述べたように、パミール高原の西側の西トルキスタンは、帝政ロシアの一部になっていました。そして一九一七年にロシア革命が勃発すると、この地域で民族自決意識が一気に高まります。

その背景としては、タタール人だけでなく、中央アジアにいたロシア人の影響もありました。帝政ロシアに反発するロシア人は、シベリアだけでなく、中央アジア方面にも流刑されたため、この地域にも、シベリアと同じく、革新的な近代思想をもったロシア人が多かったのです。その流刑地で、彼らの近代思想が、現地の民族主義と一体化して、「反帝政」を強めていくことになります。

こうした土壌がすでにあったために、一九一七年のロシア革命は、中央アジアにまで一気に広まります。

各民族の独立意識の高まりに対して、ソ連は、「まず自分の民族の国をつくりなさい」という姿勢を示して、ウズベク共和国やカザフ共和国など、各民族の共和国ができました。この動きが、天山南麓のテュルク系の人々にも、大きな刺激になります。

刺激を受けてまず考えるのは、「自分たちは何者だろう？」ということです。

天山南麓のテュルク系の人々（後の「ウイグル人」）は、カシュガルを通って、パミール高原を越えた西側に、同じ言語を話す人たちがいることを知っていて、商売や親戚付き合いなどで行き来もありました。

それまで、天山南麓のテュルク系の言語を話す人々は、「我々はトルファン人だ」とか「我々はカシュガル人だ」というように、オアシスごとの名前を自称していました。今のウイグル人たちも、なかなか個性が強いのは、もともとオアシスごとの同族意識が強かったからです。「オアシス・アイデンティティ」です。

しかし、ロシア革命後の一九二一年に、ソ連が、テュルク系の言語を話す各オアシスの代表をカザフ共和国の首都アルマ・アタに招待して、民族自決のための会議を開き、そこでロシア人のセルゲイ・マローフという古代テュルク語学者が「皆さんを『ウイグル』と呼んではどうですか」と提案するのです。

天山南麓のテュルク系の言語を話す人々は、オアシス単位の名称とともに、大きくは「タランチ」と自認していました。これは「農民」という意味です。生業が農業ですから、こう自称もしていましたが、もともとは、「ジュンガル・ハーン国」側が

「俺たちは遊牧民だが、お前らはタランチ（定住農民）だ」と蔑称的に使っていた言葉です。そんな経緯もあり、彼らは「ウイグル」という名前を非常に喜んだわけです。「古代ウイグルの栄光」の記憶も彼らにあったからです。

古代ウイグルの始まりは諸説ありますが、八四〇年に滅ぶまで、モンゴル高原の大帝国でした。滅んだ後も、モンゴル高原から一部は甘粛へ（甘州ウイグル王国）、大部分は天山へ流れてきて（西ウイグル王国）、インド・ヨーロッパ系の人々、イラン系の人々とも混血して、西ウイグル王国は、かなり後まで存続します。

「ウイグル文字」の創出

西ウイグル王国は、「天山ウイグル王国」とも呼ばれますが、一三世紀にチンギス・ハーンがモンゴル帝国をつくるまで存在していました。そしてチンギス・ハーンがこの地域を統合していくなかで、天山ウイグルの王家が、四人の息子がいたチンギス・ハーンに向かって「私はあなたの五番目の息子になる」とみずから申し出たのです。するとチンギス・ハーンは喜んで、自分の娘を嫁にやり、「私の五番目の息子だよ」ということで、天山ウイグルはそのまま無傷で残ります。天山ウイグル王家の巧みな生存戦略でした。

天山南麓のオアシスに定住化したウイグル人は、「農民」になっていました。しかも面白いのは、定住化することで「学問の好きな民族」になったことです。

まず彼らは、もともとのマニ教信仰をやめて、仏教徒になりました。そしてインドから仏典をもってきて、ウイグル語に翻訳しています。その際、ソグド文字を改良して、独自の「ウイグル文字」をつくっているのです。

この地域には、インド・ヨーロッパ系の言葉も残っていたので、インド・ヨーロッパ系の仏典を翻訳するには、彼らはもってこいの存在でした。元朝時代に仏典が数多く翻訳されて、日本に五セットある『高麗大蔵経』も、元はウイグル人が訳したものです。

チンギス・ハーンがこれを見て、やはり文字が必要だと考えて、彼らの文字をモンゴル人に学ばせています。現在のモンゴル人が使っている文字も「ウイグル文字」で、もともとウイグル人から習った文字です。ですから、モンゴル帝国内では、ウイグル人は「準貴族」のような立場でした。

ウイグル人のイスラーム化

天山ウイグル王国時代には、新疆には、モンゴル人とあまり変わらない人たちが住んでいましたが、西の方から徐々にイスラームの影響が浸透していきます。要するに、ペルシャ化していく。東の方に残った人たちはモンゴルと一体化していく。西へ行くとペルシャかぶれになり、東へ行くとモンゴル、あるいは中国かぶれになるのが、この地域の特徴なのです。

厳密に言って、天山ウイグル王国がいつ滅んだのかは、よく分かりません。ただ、「自分たちはモンゴル高原の古代ウイグルの系統を引いている」という意識も、イスラームを受け入れることで、少しずつ薄れていきました。つまり、「(古代)ウイグルのアイデンティティ」と「イスラームのアイデンティティ」は、ある意味、トレードオフの関係にあります。

ウイグル文字も、モンゴル人だけが使うようになって、ウイグル人自身はアラビア文字を使うようになる。その経過で、「ウイグル文字」は「満洲文字」になっていきます。

現在、ウイグル文字を使っているのは、満洲人とモンゴル人です。当のウイグル人はアラビア文字を使っています。彼らがアラビア文字で表現するのは、ウイグル人の言葉ですが、正式名称は「ウイグル語」ではなく「チャガタイ語」と言います。チャガタイ・ハーン国をつくったチンギス・ハーンの次男のチャガタイです。

要するに、「ウイグル」というまとまり方を提案したのは、ロシアのテュルク語学者マローフですが、「古代ウイグル」のアイデンティティや記憶が残り、マローフの提案を歓迎する素地があったからこそ、「ウイグル」という名称が一気に広まることになったのです。

しかし、「古代ウイグル」の歴史が、そのまま現在のウイグルにつながっているわけではありません。この地は、さまざまな文明や文化や民族が行き来するシルクロードの要衝で、言語はテュルク系ですが、テュルク系の人々がインド・ヨーロッパ系やイラン系の人々とも混血していく。宗教の面でも、最初はマニ教を信じていたのが、後に仏教を信仰し、その後、イスラームに改宗しています。そして時代が下るにつれて、イスラームが強まっていきます。

東トルキスタン・イスラーム共和国

ですから、ウイグル人が一九三三年に国をつくった時、「東トルキスタン・イスラーム共和国」という国名で、「イスラーム」がついているわけです。

「東トルキスタン・イスラーム共和国」は、回族軍閥の馬仲英に敗れ、一九三四年に滅んでしまいますが、その後、紆余曲折を経て、一九四四年に新たに「東トルキスタン共和国」が建国されます。

これを主導したのは、ウイグル人、モンゴル人、カザフ人です。新疆では「三区革命」と呼んでいます。三つの民族が一体化して、中華民国の国民政府を追い出そうとしたのです。

ただ、この国名には「イスラーム」が付いていません。完全にソ連の息のかかった共和国だったからです。その指導者たちは、ほとんどがソ連への留学生で、カザフスタンやウズベキスタンで学んできた人たちです。当時のカザフ共和国とウズベク共和国も、「テュルクの兄弟」として「三区革命」の同胞を支援しました。

新疆を中国に譲ったスターリンの狡猾さ

「東トルキスタン共和国」の軍隊は非常に強力で、新疆にいた中華民国の国民党軍を追い出すことにほぼ成功していました。ところが、あと一歩のところでソ連のスターリンから待ったがかかってしまった。それで国民党軍は、崩壊寸前のところで助かって新疆に留まることになったのです。これが、その後の新疆の歴史に大きな影を落とすことになります。

　スターリンが、新疆の国民党軍への攻撃を中止させたのは、スターリンが内モンゴルを中国に渡したのと同じ理屈です。一言で言えば、目的は中央アジア諸民族の「分断」です。

　スターリンは、ロシア人ではありません。コーカサス出身のグルジア（ジョージア）人です。幼い頃から日常的にテュルク系の人々と接していて、おそらく良い印象は持たなかった。彼は神学校の学生でしたから、イスラームに対する警戒感も強かったのでしょう。勉強家で読書家のスターリンは、ロシアの歴史に通暁していました。ですから、かつてテュルクやモンゴルが強かった時に、コーカサスの人々が苦しんだ歴史も知っているわけです。

要するに「草原のテュルク系やモンゴル系はろくな連中じゃない。汎テュルク主義は、すなわち汎モンゴル主義で、いずれもまずい。彼らが強くなれば、ソ連はめちゃくちゃにされる」とよく分かっていたから、モンゴルの一部（内モンゴル）も、テュルク系の一部（新疆ウイグル）も、意図的に中国に譲ったわけです。「モンゴル」や「テュルク」が大きくまとまるのを防いで、分割して統治するのは、ロシアにとっても、中国にとっても好都合だからです。逆に言えば、汎モンゴル主義や汎テュルク主義にとって最も障害となるのは、ロシアや中国による分断政策であるわけです。

汎テュルク主義・汎モンゴル主義と日本

この文脈で、スターリンは、日本の動きもとくに警戒していました。当時の日本は大陸での勢力拡大のために、汎モンゴル主義、汎テュルク主義を利用していたからです。スターリンが日本に厳しかったのは、極東政策だけではなく、中央アジア政策とも絡んでいました。

ちなみに、今日のロシアも、同じ見方をしているはずです。ロシアの研究書は、汎モンゴル主義、汎テュルク主義の背後には常に日本がいる、という書き方をしています。現在の在日ロシア大使館も、日本でのウイグル人やモンゴル人の活動には、日本の後押しがあるとおそらく見ているでしょう。

逆に言えば、ロシアと中国という大国に挟まれたテュルク系やモンゴル人など、中央アジアの人々には、日本にもっと後押ししてほしいという期待があるわけです。

中央アジアに親日国が多いのは、単に日本が日露戦争でロシアに勝ったからではありません。「汎モンゴル主義、汎テュルク主義を支援する日本」に対する期待は、日本人が想像する以上に、ずっと大きいのです。かつて日本が掲げた「大東亜共栄圏」に一定程度、共鳴したのも、「自分たちのために利用する」という下心があったからですが、ロシアと中国という大国に挟まれている彼らには、日本にもっと積極的にこの地域に関わってほしいという思いが今もあるわけです。

中華民国時代の漢人軍閥

ところで新疆には、清朝の崩壊後も、そのまま漢人軍閥が居残って、この地域を牛耳《ぎゅうじ》っていました。ただ、その漢人軍閥も頻繁に内紛を起こして、新疆の支配権は次々に移り変わっていきます。

まず金樹仁という漢人がいました。彼は、一九一四年に新疆に赴任し、当時、新疆を統治していた楊増新の下で地方長官を歴任。一九二八年に楊増新が部下の樊耀南に暗殺されると、樊耀南を逮捕して、新疆省の実権を掌握しました。

その次に出てくるのが盛世才です。この人は、経歴が面白いのです。中国東北部の出身で、一九一〇年代後半に日本に留学し、早稲田大学や明治大学に通っています。その後、帰国しますが、奉天の軍閥の支援を得て、日本の陸軍士官学校に入っているのです。しかし、満洲国には不満があったらしく、なぜか新疆に流れて軍閥になっています。しかも最新の研究では、盛世才がソ連共産党に入党したことは、ほぼ間違いないとされています。彼は漢民族なのに、スターリンに手紙を書いて「ソ連共産党に入れてください」と頼んでいるのです。

この盛世才は、ウイグル人、モンゴル人、カザフ人を厳しく弾圧し、リーダーを捕まえてはウルムチで監禁したり、処刑したりしました。その彼が「新疆をソ連に編入してください」と希望するのです。もちろん彼が新疆のボスになるのが前提です。

盛世才は、最終的には、独ソ戦でのソ連の劣勢を見て、国民政府側に寝返ったのですが、蔣介石が彼を信用せず、中国内地へ召喚して、新疆の支配権を奪ってしまいます。国民党が国共内戦に敗れると、盛世才も台湾へ行き、そこで亡くなっています。

盛世才が内地へ行った後は、彼の部下たちが新疆に居残りますが、彼らも一九四九年に中国共産党に帰順することになり、過渡期としての中華民国時代が終わります。

「諸民族の独立」を謳っていた中国共産党

中華民国時代を経て、今度は中国共産党時代を迎えます。

二〇二一年に結党一〇〇年を迎えましたが、この一世紀の中国共産党の民族政策は、一貫した「理想」や「思想」というより、「方便」「謀略」「欺瞞《ぎまん》」に満ちたものでした。

　中国共産党は一九二一年に結成されました。翌年の第二回全国代表大会で、諸民族に対してこう宣言しています。

「モンゴルとチベット、それに回疆（イスラームの新疆）はそれぞれ民族自治連邦を創る」。そして三民族がそれぞれ民族自治連邦になってから、漢民族とは、「自由連邦の原則に即して、中華連邦共和国を形成する」。

　一九二四年、当時の共産党指導者である陳独秀は、「モンゴル人が中国から離脱したければ、われわれはその民族自決権を否定しない。モンゴルを中国の藩属とみなしてはいけない」とまで述べています。

　国民政府の掃討を受けて苦境に陥っていた一九二七年一一月には、中国共産党は、さらに踏み込んでこう言明しています。

「一九二四年に誕生したモンゴル人民共和国を、国民政府は承認しないが、共産党は認める」

「内モンゴルのモンゴル民族の民族自決権を承認し、彼らが分離して独立建国できるまで支持し続ける」（土地問題に関する中国共産党の党綱領草案）

すでに独立している外モンゴルを承認し、さらに内モンゴルの方も独立するまで支援するというのです。

要するに、理論的には「ソ連の民族自決政策」に忠実なわけです。というのも、当時の中国共産党は、「コミンテルン（共産主義インターナショナル）の中国支部」だったからです。当時の日本共産党、モンゴル人民革命党、内モンゴル人民革命党も、コミンテルンの一支部でしたから、実質的にソ連が指揮するコミンテルンの指示をそれぞれ受けなければなりませんでした。

一九三〇年代に入ると、「内蒙古工作計画大綱」という、より具体的な政策を立てています。中国共産党が内モンゴルに入って「内蒙古平民共和国」をつくるという計画です。「人民」という概念はまだ広がっていないので、「平民共和国」という表現になっています。

「諸民族の独立」「民族ごとに共和国をつくる」というのは、ソ連の政策です。すでにカザフ共和国、ウズベク共和国などが成立していましたが、当時、中国共産党は、中国南部に「中華ソヴィエト共和国」をつくっています。この憲法でも、「中華ソヴィエト政府は、域内の少数民族の自決権を認める。彼らが中国から離脱し、完全に独立国家になるまで支持する」と、やはり「諸民族の独立」を謳っているのです。

しかし、中華ソヴィエト共和国は、蔣介石の国民政府から目の敵にされて潰されます。そこから中国共産党は、「長征」に出るわけですが、実際は「逃亡」です。私はいつも「長逃」と書いています。

その「長逃」の途中で、チベット人地域を通ります。四川省西部のカム地域です。この時、強力なチベット人に、チベット軍の攻撃を受けると全滅する危険もあるので、毛沢東は使者を出してチベット人に、「吐蕃（チベット）共和国をつくりなさい」と言っています。少なくとも言葉の上では、「各民族が中国から独立するのを支持する」と宣言しているわけです。

モンゴルの独立を認めていた毛沢東

一九三五年一〇月、毛沢東たちは「長逃」の末に陝西省北部の延安に辿り着きます。延安のすぐ北は内モンゴルで、私の実家があるオルドスの近くです。

ここで毛沢東は「中華ソヴィエト人民共和国中央政府の内モンゴル人民に対する宣言書」、いわゆる「三五宣言」を出しています。そこにはこう書いてあります。

「われわれと協力すれば、モンゴルはチンギス・ハーン時代の栄光を維持し、民族滅亡の危機から逃れることができるだろう」

「将来モンゴルは、民族復興の道を歩み、トルコやポーランド、ウクライナやコーカサスのように独立と自由を獲得できるだろう」

「モンゴルは、自身の政府を建立し、その他の民族と連邦関係を締結する権利を有する」

毛沢東がこの宣言を出した背景には、日本がこの三年前に満洲国を成立させていたことがありました。満洲国の約三分の一はモンゴル人の地域で、日本はモンゴルの遊牧民を尊重して中国人の入植を制限したので、モンゴル人の支持を得ていたのです。

さらに日本は、こののち蒙疆政権を樹立してモンゴル人が暮らす国もつくることになります。その日本を意識して、「独立」「自由」「連邦」云々《うんぬん》と強調しているわけです。

しかし、「三五宣言」は、モンゴル人に対する完全な「空手形」となりました。中国共産党の正式な宣言であるのに、政権を取った後、中国共産党は「三五宣言」にまったく言及しなくなったからです。麗《うるわ》しい「思想」「理想」に満ちた文言も、結局「方便」「謀略」「欺瞞」に満ちたものでしかありませんでした。

「回民」を「民族」と認めて「回族」に

延安にいる毛沢東にとって、モンゴル人の武力は脅威でしたが、寧夏の回民も、間近にいる脅威でした。現在、「寧夏回族自治区」となっている地域のムスリムです。

寧夏は、清朝末期に「西北ムスリム（回民）大反乱」を鎮圧した左宗棠が、方々から「回民（ムスリム）」を集めた地域で、その回民たちの生き残りが延安の近くに暮らしていました。

彼らは「中国語を話すムスリム」です。その寧夏からさらに西へ行くと、テュルク系のムスリムが住んでいて、ロシアの学者マローフが「ウイグル」を提案して以来、彼らはすでに「ウイグル人」になっていました。同じムスリムでも、両者は大きく異なります。

国民政府は「中国語を話すムスリム」を頑として「民族」とは認めませんでした。

「あなたたちは、漢族の一部だ。そもそも漢族は宗教にいい加減だから、一部がイスラームになっただけで、独自の民族ではない」

「民族には独自の言語が必要なのに、あなたたちには、自分の言語がない。漢族がムスリムになっただけだ」

これが、彼らを「民族」として認めなかった国民政府の理屈です。

それに対して中国共産党は、「あなたたちを『民族』として認めよう」と呼びかけました。そして延安で、『蒙古問題研究』『回回民族問題』という二つのパンフレットを出しています。

中国語の話し言葉では「回民」を「回回《ホイホイ》」と呼びますが、このパンフレットでは「回回民族」という新しい言葉が使われています。練られた表現ではありませんが、

「民族」として認めたことは確かです。

当時の「回民」は、イスラーム軍閥としても戦闘力があって、中国共産党の紅軍分派の西路軍（張国燾《ちょうこくとう》の第四方面軍）をほぼ全滅させています。

毛沢東が延安に連れてきた軍勢は約七〇〇〇人なのに対し、彼のライバルである張の西路軍は約二万人で、西路軍の方が毛沢東軍より圧倒的に上回っていました。その西路軍二万人がイスラーム軍閥に敗れているわけで、彼らがいかに強かったかを物語っています。

彼らを脅威と感じていた毛沢東が「『回族』として認めよう」と申し出たことで、両者の間で交流が始まりました。毛沢東が延安を拠点に生き延びることができたのは、少数民族向けの政策を巧みに打ち出したからです。モンゴルに対しても「独立していいよ」と言っているわけなので、モンゴルとしても攻める理由がない。

一言で言えば、開明的でリベラルな民族政策を掲げて、少数民族を敵に回さなかったことで、中国共産党は、国民党に勝利できたわけです。

騙された少数民族

ところが、一九四五年に日中戦争が終わると、中国共産党の政策も一変します。

一九四五年に毛沢東は「連合政府論（論連合政府）」という論文を書きます。ここで、すでに「連邦」ではなく「連合政府」という表現が使われています。

「連邦」は「各民族が独自の政府をつくった上で対等に繋がる」ものですが、「連合」は「一つの政府を皆でつくる」というプランです。中国共産党はどちらにしても実行したわけではないので、机上のプランにすぎませんが、「連邦」と「連合」では、少数民族に対する姿勢が大きく異なってきます。

一九四九年九月末、国共内戦の大局がすでに定まったところで、中国共産党は、内モンゴルの指導者ウラーンフーを呼んでいます。「ウラーンフー（烏蘭夫）」は、「赤い息子」という意味で、モスクワでコミンテルンの教育を受け、延安で毛沢東の政治闘争も体験した筋金入りの共産主義者です。

そのウラーンフーは、周恩来から「一週間後に建国するのは『中華人民共和国』で、『連邦』ではない。だから内モンゴルは『内モンゴル自治区』になる」と言い渡されます。彼は中国共産党に裏切られたわけです。

それまでウラーンフーが率いる内モンゴルは、「内モンゴル自治政府」で「自治区」ではありませんでした。ウラーンフーの心づもりとしては、「内モンゴル自治政府」が、そのままカザフ共和国やウズベク共和国のような「内モンゴル自治共和国」となり、「中華連邦」の一員になるつもりでいたのです。

当時、ウラーンフーは、共産党の指導者でしたが、中国共産党ではなく、「内モンゴル共産党」を名乗っていました。ちなみにウラーンフーの軍隊は、中身は旧満洲国軍で、「内モンゴル自衛軍」を名乗っています。中国語に「自衛」という言葉はありません。つまり日本語です。ですから、「内モンゴル自衛軍」は、日本の「自衛隊」に歴史的に先んじているのです。

しかし、一九四九年一〇月一日の中華人民共和国建国時に、「内モンゴル共産党」は中国共産党に、「内モンゴル自衛軍」も中国人民解放軍内モンゴル軍区に組み込まれることになります。

幻の「ウイグル族自治区」

新疆の地に「新疆ウイグル自治区」ができたのは、一九五五年のことです。この自治区をつくるときに議論がありました。

自治区の名称に「新疆」という言葉が入ることに、ウイグル人たちは反対しました。「東トルキスタン自治区」、あるいは「ウイグルスタン自治区」、少なくとも「ウイグル族自治区」にしたいというのが、彼らの希望だったからです。

それに対し、ウイグル人にとっては最低限の希望だった「ウイグル族自治区」に対しても、漢民族が反対しました。「内モンゴルにしても、『内モンゴル族自治区』にはなっていない」からです。

自治区の名称に「族」が入ると、「区域自治」ではなく「民族自治」になり、自治区内での漢民族の立場が弱くなる恐れがあります。一九四九年に「内モンゴル自治政府」が「内モンゴル自治区」に改編された際も、モンゴル人が「族」を入れるよう強く要求しましたが、漢民族に拒まれました。

そうした前例があったので、「ウイグル族自治区」にはなりませんでした。さらに

「東トルキスタン自治区」などは、地域外のトルキスタンとテュルク系とも一体化する危険性があるので、漢民族が許すはずがありません。

　ということで、「新疆ウイグル自治区」に決まりましたが、この名称自体に、ウイグル人がすでに権力を失っていたことが表れています。

「新疆」という言葉を使ったのは、漢民族の失敗です。「新疆」とは「新しい領土」という意味で、これでは「本来は自分たちの土地なのに、あなたたちが新しく奪ったわけだ」というウイグル人たちの主張をそのまま認めるような名称だからです。

　しかし名称がどうであれ、この地域はあまりに複雑で、いずれは火薬庫になる運命にあります。

「砂を混ぜる政策」

　中国の民族政策は、ソ連の民族政策と同じように、小さな民族を数多く認定するやり方です。中国には、五五の少数民族がありますが、中華人民共和国建国後に「民族」として認定されたものがほとんどです。

これは「アファーマティブ（積極的）な民族政策」で、ソ連の模倣です。ソ連は、民族識別を任務とする研究者を積極的に養成して、「あなたたちはこういう民族だよ」というアイデンティティをつくり出し、「われわれ共産党が、解放してあげたんです」と吹き込みました。

同じように中国も、「あなたはチベット族」「あなたはモンゴル族」「あなたは満洲族」と積極的に認めました。異民族集団をいきなり「中国人」にするよりも、まずそれぞれの民族名称を与えてから、徐々に中華人民共和国に統合していく政策です。

その上で辺境政策として「生産建設兵団」という屯田兵を派遣します。新疆の問題を考えるときに、これはとくに重要です。「漢王朝対西域三六カ国」の時代以来、「史上初の成功」と言えるほどに、漢民族の移住政策を徹底的にやり遂げたからです。

もともと住んでいた少数民族を追い出して、漢民族を送り込んで人口を逆転させるやり方を、毛沢東は「砂を混ぜる政策」と名づけていました。その結果、ウイグル人の人口は七〇〇万人近くに減らされる一方で、漢民族は、一九五四年時点での約一八万人から約八〇〇万人に増え、非公表の軍隊や警察を含めれば、一〇〇〇万人を超えている可能性もあります。

漢民族は、生産建設兵団を中心に、新疆の経済の主要部分を押さえています。新疆は、草原や砂漠が多く、耕地として使える土地は限られているのに、その三〇％は生産建設兵団が使っています。人権問題への批判からいま問題になっている「新疆綿」も、ウイグル人の強制収容所でつくっているものもありますが、生産建設兵団が生産しているものが大部分と思われます。

現在、生産建設兵団は、トマト缶から太陽光パネルまで何でもつくっていて、人工衛星を飛ばしたり、核実験にも加わったりしています。彼らがこうした利権を簡単に手放すはずがありません。

中ソ対立のはざまで

新疆は、国際情勢の影響も受けやすいところです。

一九五〇年代の中ソ蜜月時代は、新疆も相対的に安定していましたが、一九六〇年代に中ソ対立が激しくなると、この地域が真っ先に不安定化します。

代表的な事件として、第2章で触れた一九六二年のイリ・タルバガタイ事件があります。イリ市は、新疆北部の西端にあります。ロシアと清朝が国境紛争を解決するために「イリ条約」（一八八一年）で取引した町で、ロシアと清朝の境界地帯です。その周辺に暮らすテュルク系の遊牧民にとっては、それまで自由に行き来していたのに、ある日、突然、国境が引かれてしまったわけです。

そして人民公社政策が失敗した中国で大量の餓死者が出るような状況で、中ソの緊張が高まりました。ここでソ連は、中国に不満を抱いていた少数民族に対し、「こちらの方が自由で、生活レベルも高く、こちらこそ本当の社会主義だ」と煽ったところ、ウイグル人、カザフ人、モンゴル人などが、大挙してソ連へ越境しました。中国側の資料では七万人、ソ連側の資料では一三万人に達したと言われています。

一九七九年のソ連によるアフガニスタン侵攻の際も、この地域の緊張が高まりました。新疆のカシュガルの少し南西へ行けば、そこはすぐパキスタンとアフガニスタンだからです。

ウイグル人は、昔からアフガン人と行き来があり、言葉も通じ、宗教も同じです。

ですからソ連がアフガニスタンに侵攻したことで、その勢いで新疆にまで迫ってくるのではないかと中国は恐れたのです。

現在、米軍の撤退でアフガニスタン情勢が再び不安定化していますが、これを「口実」に中国のウイグル人に対する締めつけがさらに強まることが、非常に心配です。

アイデンティティは「イスラーム」より「テュルク」

一九九一年にソ連が崩壊すると、パミール高原の西側のカザフスタン、ウズベキスタン、キルギス、タジキスタン、トルクメニスタンが独立し、ウイグル人にも大きな刺激となりました。というのも、ユーラシアの東西に分布する総人口七億人のテュルク系諸民族のなかで、唯一国家を持っていないのがウイグル人だからです。汎テュルク主義の立場からすると、中国とロシアの間でいまだに抑圧され続けているのが、ウイグル人であるわけです。

この地域がイスラーム化したのは、比較的遅いのですが、一九三三年に独立した時の国名は「東トルキスタン・イスラーム共和国」を名乗っています。現在、欧米諸国や日本にいるウイグル人活動家の亡命政府も、その旗のデザインからして三日月を使っていて、自分たちがムスリムであることを強調しています。

中国との違いを鮮明にするためには、「イスラーム」を強調することは有効です。

また「イスラーム国」（ＩＳ）をある程度、鎮圧した後は、アメリカのイスラーム敵視も和《やわ》らいだので、ウイグル人活動家も、イスラーム色を強く出すようになっています。ただ、それによって、ウイグルの人々がイスラーム世界の支持や共感を得るまでには、なかなか至っていないようです。

中国国内でも、「回族」と「ウイグル人」の間には、それほどの親近感はありません。中国当局は、そこを巧みに突いて、回族を使ってウイグル人を弾圧しています。

現在のウイグルの知識人からすると、「ウイグル」と名乗る以上は、「古代ウイグルの栄光」とつながっている意識があるはずです。中国当局もそこを最も恐れています。ウイグルの歴史を書いた「三冊の本」があれほど厳しい弾圧にあったのも、その証しでしょう。

中国当局が最も嫌うのは、「匈奴ウイグル」のアイデンティティが強まること、つまり、「イスラーム色」が薄まって、「テュルク色」が強まることです。言い換えれば、「宗教ナショナリズム」よりも「民族ナショナリズム」を恐れています。ムスリムとしてのアイデンティティは、時の国際政治でさまざまに揺れますが、「テュルク主義」という本質は、常に消せないほど、強固なアイデンティティだからです。

「トゥラン主義」と日本

「テュルク」のアイデンティティの基本は、言葉です。

テュルクの伝説では、古代にオグズ・ハーンがいて、そこから二四の氏族が生まれました。モンゴルも、ウイグルも、あらゆるテュルクが、中央ユーラシアに散りましたが、いずれもその二四氏族から派生したとされています。

面白いことに、最東のウイグル語と最西のトルコ共和国のテュルク語（トルコ語）が非常に近い。それは、距離的に離れたフィンランドとハンガリーの言葉が近いのと似ています。彼らは互いに「俺たちはフィン人の子孫だ」とか「俺たちはトゥラン人だよ」と言っていますが、近代のユーラシアを動かした思想の一つに、「トゥラニズム」があります。日本ではかつて「ツラン主義」と言われていましたが、旧日本軍が鼓吹《こすい》した思想の一つです。フィン人、ハンガリー（マジャール）人、日本人、朝鮮人は、ウラル・アルタイ人種として、テュルク人とも兄弟だという考え方です。

「トゥラニズム」の担い手の一人が、フィンランド人言語学者のグスタフ・ラムステッドです。彼は、独立前のモンゴルを何度も訪れて、モンゴルの貴族に対して、いち早く民族独立を促していました。

　当時フィンランドは、帝政ロシアの植民地で、ラムステッドはロシアに不満を持っていました。ですから、フィンランド人の祖先であると考えられていたフン族、匈奴の土地がロシアに奪われることが許せなかったのです。そこでラムステッドは、モンゴルまでやって来て、モンゴル人に「お前ら、毎日酒飲んでる場合じゃねえぞ！　立ち上がれ！」と煽っていたわけです。

　彼は後にフィンランドの初代駐日代理公使になっていますが、『日本語・朝鮮語』の辞書を最初につくったのも彼です。日本人でもなく朝鮮人でもなく、フィンランド人のラムステッドだったのです。

フィン語、モンゴル語、テュルク語、朝鮮語、日本語は、すべて膠着語《こうちゃくご》です。文法構造が同じだから、語学の天才であるラムステッドは、どこへ行っても数日間で言葉を覚えてしまったそうです。実際、モンゴル語も、日本語も、朝鮮語もペラペラでした。

戦前、「トゥラン主義」が強力だった頃には、「日本語も朝鮮語もアルタイ系の言語だ」と盛んに言われていました。戦後は久しく聞かなくなりましたが、最近、社会言語学者の田中克彦さんが『ことばは国家を超える』（ちくま新書）という本を書いて、（私なりに要約すれば）「もういい加減、政治的配慮などには囚われすぎずに、日本語はアルタイ系の言葉だという認識にカムバックしよう！」と呼びかけています。

モンゴル出身の私からしても、これは、日本の人々にもう一度、思い出していただきたい歴史の記憶です。汎モンゴル主義・汎テュルク主義と日本が連帯する基盤の一つが、ここにあるからです。

現在、中国は、ウイグル人から独自の言語を奪って中国語を強要しようとしていますが、これは「言語＝民族の抹殺」です。しかも言語が「テュルク」のアイデンティティの原点だとすれば、最も許しがたい「ジェノサイド」だと言えます。「トゥラン主義」から見れば、日本にとっても他人事ではありません。

ロシアと中国という大国に挟まれた中央アジアのテュルク・モンゴル系の人々が日本に寄せる期待がいかに大きいか。そこをぜひご理解いただきたいと願っています。

謝辞

本書は科学研究費「新疆の形成とウイグル民族問題に関する調査研究」（研究課題／領域番号19K12500）の成果の一部である。本書が成立したのは、ひとえに文春新書編集部の前島篤志氏はじめ新書編集部諸氏と日本ウイグル協会の方々のご尽力によるものである。関係各位に感謝申し上げます。

（楊海英）

于田ケリム（うだ けりむ）

1979年、東トルキスタン・ウルムチ生まれ。在日ウイグル人の人権活動家、日本ウイグル協会会長。機械工学専攻で、中国石油大学で学士課程を、次いで新疆大学大学院で修士課程を修める。2008年に来日。東京工業大学大学院で博士課程を修めた後、日本で就職。

楊海英（よう かいえい）

1964年、南モンゴル・オルドス高原生まれ。静岡大学人文社会科学部教授。北京第二外国語学院日本語学部卒業。文化人類学専攻。著書に『独裁の中国現代史』『「中国」という神話』（いずれも文春新書）『逆転の大中国史』『チベットに舞う日本刀』（いずれも文藝春秋）『日本陸軍とモンゴル』（中公新書）『墓標なき草原』（岩波現代文庫、司馬遼太郎賞受賞）など多数。

文春新書

1333

ジェノサイド国家《こつか》中国《ちゆうごく》の真実《しんじつ》

2021年10月20日　第1刷発行

著　者	于　田　ケリム 楊　　　海　英
発行者	大　松　芳　男
発行所	株式会社　文　藝　春　秋

〒102-8008　東京都千代田区紀尾井町3-23
電話（03）3265-1211（代表）

印刷所	理　想　社
付物印刷	大日本印刷
製本所	大　口　製　本

定価はカバーに表示してあります。
万一、落丁・乱丁の場合は小社製作部宛お送り下さい。
送料小社負担でお取替え致します。

ISBN978-4-16-661333-5

◆経済と企業

金融工学、こんなに面白い　野口悠紀雄
リープフロッグ　野口悠紀雄
臆病者のための株入門　橘　玲
臆病者のための億万長者入門　橘　玲
熱湯経営　樋口武男
先の先を読め　樋口武男
就活って何だ　森　健
資産フライト　山田　順
ビジネスパーソンのための契約の教科書　福井健策
ビジネスパーソンのための企業法務の教科書　西村あさひ法律事務所編
ブラック企業　今野晴貴
ブラック企業2　今野晴貴
税金　常識のウソ　神野直彦
売る力　鈴木敏文
日本型モノづくりの敗北　湯之上隆
詐欺の帝王　溝口　敦

さらば！　サラリーマン　溝口　敦
トヨタ生産方式の逆襲　鈴村尚久
グローバリズムが世界を滅ぼす　エマニュエル・トッド　ハジュン・チャン　柴山桂太・中野剛志・藤井聡・堀茂樹
税金を払わない巨大企業　富岡幸雄
消費税が国を滅ぼす　富岡幸雄
あなたの隣のモンスター社員　石川弘子
新自由主義の自滅　菊池英博
安売り王一代　安田隆夫
働く女子の運命　濱口桂一郎
人工知能と経済の未来　井上智洋
「公益」資本主義　原　丈人
お祈りメール来た、日本死ね　海老原嗣生
2040年全ビジネスモデル消滅　牧野知弘
生き返るマンション、死ぬマンション　荻原博子
最強の相続　荻原博子
ルポ　税金地獄　朝日新聞経済部
日本株式会社の顧問弁護士　児玉　博
自動車会社が消える日　井上久男

日産vs.ゴーン　井上久男
新貿易立国論　大泉啓一郎
世界史を変えた詐欺師たち　東谷　暁
日銀バブルが日本を蝕む　藤田知也
AIが変えるお金の未来　坂井隆之・宮川裕章＋毎日新聞フィンテック取材班
なぜ日本の会社は生産性が低いのか？　熊野英生
会社員が消える　大内伸哉
キャッシュレス国家　西村友作
農業新時代　川内イオ
総会屋とバブル　尾島正洋
吉本興業の約束　大﨑　洋　坪田信貴

◆世界の国と歴史

ローマ人への20の質問　塩野七生

歴史とはなにか　岡田英弘

常識の世界地図　21世紀研究会編

食の世界地図　21世紀研究会編

新・民族の世界地図　21世紀研究会編

カラー新版
地名の世界地図　21世紀研究会編

フランス7つの謎　小田中直樹

一杯の紅茶の世界史　磯淵　猛

新約聖書Ⅰ　新共同訳 佐藤優解説

新約聖書Ⅱ　新共同訳 佐藤優解説

佐藤優の集中講義
民族問題　佐藤　優

池上彰の宗教がわかれば
世界が見える　池上　彰

池上彰の「ニュース、
そこからですか⁉」　池上　彰

新・戦争論　池上彰 佐藤優

大世界史　池上彰 佐藤優

新・リーダー論　池上彰 佐藤優

第一次世界大戦はなぜ
始まったのか　別宮暖朗

イスラーム国の衝撃　池内　恵

「ドイツ帝国」が
世界を破滅させる　エマニュエル・トッド 堀 茂樹訳

シャルリとは誰か？　エマニュエル・トッド 堀 茂樹訳

問題は英国ではない、
EUなのだ　エマニュエル・トッド 堀 茂樹訳

中国4・0　エドワード・ルトワック 奥山真司訳

戦争に
チャンスを与えよ　エドワード・ルトワック 奥山真司訳

日本4・0　エドワード・ルトワック 奥山真司訳

21世紀 地政学入門　船橋洋一

地経学とは何か　船橋洋一

熱狂する「神の国」アメリカ　松本佐保

ドナルド・トランプ　佐藤伸行

大学入試問題で読み解く
「超」世界史・日本史　片山杜秀

ベートーヴェンを聴けば
世界史がわかる　片山杜秀

戦争を始めるのは誰か　渡辺惣樹

第二次世界大戦
アメリカの敗北　渡辺惣樹

米中激突　陳 破空 山田智美訳

知立国家 イスラエル　米山伸郎

1918年最強ドイツ軍は
なぜ敗れたのか　飯倉　章

人に話したくなる世界史　玉木俊明

トランプ ロシアゲートの虚実　小川 聡 東 秀敏

世界史の新常識　文藝春秋編

ヘンリー王子とメーガン妃　亀甲博行

コロナ後の世界　ジャレド・ダイアモンド ポール・クルーグマン リンダ・グラットン マックス・テグマーク スティーブン・ピンカー スコット・ギャロウェイ 大野和基編

パンデミックの文明論　ヤマザキマリ 中野信子

盗まれたエジプト文明　篠田航一

歴史を活かす力　出口治明

(2020. 12) B　品切の節はご容赦下さい

文春新書のロングセラー

樹木希林
一切なりゆき
樹木希林のことば

二〇一八年、惜しくも世を去った名女優が語り尽くした生と死、家族、女と男……。ユーモアと洞察に満ちた希林流生き方のエッセンス

1194

中野信子
サイコパス

クールに犯罪を遂行し、しかも罪悪感はゼロ。そんな「あの人」の脳には隠された秘密があった。最新の脳科学が解き明かす禁断の事実

1094

橘　玲
女と男　なぜわかりあえないのか

単純な男性脳では、複雑すぎる女性脳は理解できない！　「週刊文春」の人気連載「臆病者のための楽しい人生１００年計画」を新書化

1265

ジャレド・ダイアモンド　ポール・クルーグマン　リンダ・グラットンほか
コロナ後の世界

新型コロナウイルスは、人類の未来をどう変えるのか？　世界が誇る知識人六名に緊急インタビュー。二〇二〇年代の羅針盤を提示する

1271

立花　隆
知の旅は終わらない
僕が３万冊を読み１００冊を書いて考えてきたこと

立花隆は巨大な山だ。政治、科学、歴史、音楽……、万夫不当の仕事の山と、その人生を初めて語った。氏を衝き動かしたものは何なのか

1247

文藝春秋刊